Sebastian Haffner/Wolfgang Venohr

Das Wunder an der Marne

Das
an der

Sebastian Haffner
Wolfgang Venohr

Wunder Marne

Rekonstruktion der Entscheidungsschlacht des Ersten Weltkriegs

Gustav Lübbe Verlag

Die Bildvorlagen zu diesem Band stellten
uns freundlicherweise zur Verfügung:
Bildarchiv Preußischer Kulturbesitz / Bildarchiv Jürgens
(S. 14, 80, 97, 132)
Ullstein Bilderdienst
(S. 138, 141, 142, 143, 144, 145, 146)

Schutzumschlag: Manfred Peters, Köln
Satz: Friedrich Pustet, Regensburg
Druck und Einband: Clausen & Bosse, Leck

Printed in Germany
ISBN 3-7857-0314-7

Inhalt

Einführung

Geschichtsbücher von heute erzählen kaum noch Geschichten. Sie thematisieren, analysieren, systematisieren, strukturalisieren – und der Leser bleibt schließlich teils erschöpft, teils gelangweilt auf der Strecke.

Hier, in diesem Buch, soll die Geschichte der Marneschlacht von 1914 erzählt werden. Und zwar nach Art eines Filmes. Die Handelnden, die Gegenspieler, stehen sich in Momentaufnahmen gegenüber: Wir sehen sie agieren; wir hören sie reden; wir beobachten in Großaufnahme ihre Physiognomien; wir folgen bedauernd oder erleichtert ihrem Abgang; erwarten gespannt oder genervt ihren nächsten Auftritt. So folgt eine Konfrontation (Szene) unmittelbar der anderen. In der Fachsprache nennt man das ein *Szenarium.*

Die Idee lag nahe. Denn 1977 hatte das ZDF einen Fernsehfilm unter dem Titel »Generale« ausgestrahlt, den Sebastian Haffner geschrieben hatte. Das öffentliche Echo war überaus animiert. Anlaß genug für Wolfgang Venohr, sich Gedanken zu machen, wie man einem Filmerfolg ein Buch folgen lassen könnte.

Das Ergebnis ist ein Geschichtsbuch in Gestalt einer *szenischen Rekonstruktion.* Der Eindruck ist merkwürdig; streckenweise frappant. Manchmal glaubt man, nicht Feldherren oder Generalstäbler vor sich zu haben, sondern Schauspieler. Ist das so falsch gesehen? Spielen wir nicht alle nur eine (uns selbst kaum bewußte) Rolle? Wie auch immer, beide Autoren sind einigermaßen zuversichtlich, daß sich diese Geschichte leicht lesen und verstehen läßt.

Vorwort

Der Zweite Weltkrieg, der 1939 begann und 1945 endete, wurde militärisch erst nach Jahren entschieden. Die einen sagen, im Winter 1942/43, im Kessel von Stalingrad, wo der deutsche Offensivdrang erlosch. Andere meinen, im Sommer 1943, in der größten Panzerschlacht der Kriegsgeschichte, bei Kursk, als die strategische Initiative von den Deutschen zu den Russen überging. Wieder andere glauben, sogar erst im Sommer 1944, an der Invasionsfront, bei Caen, als Hitlers »Festung Europa« von den Alliierten aufgebrochen wurde. Wie auch immer, die Entscheidung ließ drei, vier oder fünf Jahre auf sich warten.

Ganz anders im Ersten Weltkrieg, der 1914 begann und 1918 endete. Hier fiel die militärische Entscheidung bereits in den ersten Kriegswochen. Genau gesagt: in den ersten Septembertagen 1914, an der Marne.

Jedermann weiß, daß es 1914 zum ersten Zusammenprall der europäischen Großmächte in diesem Jahrhundert kam. Nachdem serbische Nationalisten am 28. Juni 1914 den österreichischen Erzherzog-Thronfolger Franz Ferdinand in Sarajewo ermordet hatten, setzten sich die Bündnismechanismen der europäischen Großmächte gewissermaßen selbsttätig in Bewegung. Deutschland und Österreich-Ungarn standen England, Frankreich und Rußland gegenüber.

Der Krieg war »unvermeidlich« geworden, und das war wohl auch das Gefühl der meisten Menschen damals. Denn die Völker Europas – *alle* Völker! – zogen in den Ersten Weltkrieg nicht wie in den Zweiten mit Trauer und Niedergeschlagenheit, sondern mit Begeisterung, ja, mit Jubel.

Wer hatte denn nun eigentlich schuld am Kriegsausbruch von 1914?

Von einer »deutschen Alleinschuld« zu sprechen, wie beispielsweise im Siegerdiktat von Versailles des Jahres 1919, ist einfach historisch falsch: *Alle* Regierungen, nicht nur die deutsche, rechneten in den Jahren vor 1914 mit Krieg, *alle* bereiteten sich auf den Krieg vor, *alle* waren kriegsbereit, *alle* warteten eigentlich nur darauf, den Krieg in der relativ günstigsten Lage anzufangen. Und es ist auch aus einem anderen Grunde historisch unrichtig, im Falle des Ersten Weltkrieges von einer »Kriegsschuld« zu sprechen: Krieg war nämlich damals noch kein internationales Verbrechen. Krieg war und galt bei allen Mächten als ein völlig legitimes Mittel der Politik.

Nein, die Schuld am Kriegsausbruch im Juli 1914 war völkerrechtlich und historisch gesehen keine »Schuld«. Und doch gibt es so etwas wie Schuld: nämlich eine Schuld der Regierungen, und die liegt ein paar Monate später. Die Völker dachten ja alle, sie würden Weihnachten 1914 wieder zu Hause sein. Und damit hatten sie recht; wie der Volksinstinkt so oft recht hat. Denn der Krieg wurde tatsächlich bereits im Herbst 1914 entschieden. Schon damals fiel die Entscheidung, die sich dann vier Jahre später, 1918, verwirklichte. Nämlich: Die Österreicher unterlagen den Russen – die Russen unterlagen den Deutschen – die Deutschen unterlagen den Westmächten. So ist es dann zum Schluß auch gekommen! Und das hätte man schon im Herbst 1914 sehen können: nach der Schlacht bei Lemberg (Österreicher gegen Russen), der Schlacht bei Tannenberg (Russen gegen Deutsche), nach der Schlacht an der Marne (Deutsche gegen Franzosen und Briten).

Und nun die Schuld der Regierungen: In allen Kriegen – in denen Friedrichs des Großen wie Bismarcks, sogar in den napoleonischen Kriegen – ist nach großen Entscheidungsschlachten erst einmal wieder diplomatisch verhandelt worden; mit oder ohne Erfolg. Man hat versucht, eine Bilanz zu ziehen und den Krieg zu liquidieren.

Das hat man 1914 nicht getan. Es ist aber die Aufgabe von Regierungen, auch im Kriege Politik zu machen. Die damaligen kriegführenden Mächte haben jedoch nach dem Satz gehandelt: »Alle diese Opfer dürfen nicht umsonst gebracht worden sein. Wir müssen irgend etwas gewinnen!« Kriegsziele wurden auf *allen* Seiten nachgeschoben, und dadurch wurde der Krieg unbeendbar, bis alle ausgeblutet waren. Das war die *Schuld* der Regierungen und die *Tragödie* der Völker.

Also: Schon nach ganz wenigen Wochen, Anfang September 1914, fiel die militärische Entscheidung des Ersten Weltkrieges: bei Lemberg, bei Tannenberg und an der Marne. Die *Haupt*entscheidung aber fiel an der Marne: in Frankreich, wenige Kilometer von Paris entfernt. Denn in der Marneschlacht scheiterte 1914 der deutsche Blitzkrieg gegen Frankreich. Die Marneschlacht war also für die Deutschen und ihre westlichen Nachbarn eine »Schicksals-Schlacht«.

Deshalb hat die Schlacht an der Marne auch so sehr die Phantasie der Völker bewegt. Man hat vom »Marne-Wunder« gesprochen; oder auch vom »Marne-Drama«. Es entstand eine riesige Memoiren- und Rechtfertigungsliteratur, die die Marneschlacht wie einen Kometenschweif hinter sich hergezogen hat. Vor allem die damals Führenden, die Generäle, waren es, die in Verteidigung und Anklage die Marneschlacht zwanzig Jahre lang, von 1919 bis 1939, noch einmal schlugen (bis der Ausbruch des Zweiten Weltkrieges die Papierflut stoppte). Die literarischen Auseinandersetzungen waren nicht weniger leidenschaftlich und bitter als die auf dem Schlachtfeld. Zwar wurde kein Blut, sondern nur Tinte vergossen; aber die Argumente prallten wie die Armeen aufeinander. Hieb traf auf Gegenhieb.

Untersuchen wir mit der Gelassenheit des historischen Abstandes einen Streit, der so manche gewichtige Erkenntnis vermittelt und der nicht ohne aktuelle Bezüglichkeit, oder vielleicht besser: zeitlose Bedeutung ist.

★

Unstreitig ist, daß mit dem Rückzug der 1. und 2. deutschen Armee von der Marne (9. September 1914) – nach einem beispiellosen Sturmlauf der deutschen Armeen durch Belgien und Nordfrankreich – und dem daran anschließenden Rückzug des gesamten Nordflügels des deutschen Westheeres (11. September 1914) der deutsche Feldzugsplan gegen Frankreich und damit der gesamte deutsche Kriegsplan scheiterte, der darin bestanden hatte, Frankreich – bei gleichzeitiger Defensive im Osten – in einem Blitzfeldzug auszuschalten, um sich dann, nach gewonnener Rückenfreiheit, mit ganzer Macht gegen Rußland wenden zu können.

Unstreitig ist zweitens, daß dieser Rückzug nicht vom Gegner erzwungen, sondern freiwillig (und zwischen den deutschen Armeeführern umstritten) war. Die Marneschlacht wurde nicht bis zur letzten Entscheidung durchgekämpft, sondern vor ihrem Höhepunkt abgebrochen.

In der umfangreichen deutschen Fachliteratur zur Marneschlacht wurde deswegen gegen den »jüngeren« Moltke – einen Neffen des berühmten Generalfeldmarschalls Helmuth von Moltke –, der in den ersten sechs Wochen des Krieges als Generaloberst und Chef des Großen Generalstabs an der Spitze der Obersten Heeresleitung stand, der Vorwurf erhoben, daß er durch den Abbruch der Marneschlacht einen bereits greifbaren deutschen Sieg verhindert, ja, daß er damit »die siegreichen Truppen um ihren Sieg betrogen« habe.

Wir glauben nachweisen zu können, daß dieser Vorwurf unberechtigt ist. Ohne den Rückzugsbefehl vom 9. September 1914 wäre die deutsche 1. Armee in derselben Gefahr der Einkesselung gewesen wie die russische Samsonow-Armee zehn Tage zuvor bei Tannenberg; und zwar gerade dann, wenn es ihr gelungen wäre, die 6. französische Armee, wie sie vorhatte, auf Paris zurückzuwerfen. Denn eine Verfolgung der so geschlagenen Franzosen in südwestlicher Richtung hätte die Lücke zwischen der deutschen 1. und 2. Armee, in welcher die Briten bereits langsam vorrückten, noch weiter aufgerissen und den Engländern die Möglichkeit gegeben, widerstandslos der 1. Armee in den Rücken zu fallen (die 2. Armee war durch die französische 5. Armee bereits etwas in nordöstlicher Richtung abgedrängt). Daß die unberechenbaren Briten diese Chance wahrgenommen hätten, läßt sich nicht beweisen, da der deutsche Rückzug sie ihnen gerade noch rechtzeitig entzog; aber es darauf ankommen zu lassen, wäre ein unverantwortliches Vabanquespiel gewesen. Der Rückzugsbefehl opferte

Deutsche Soldaten in Erwartung eines Angriffs (September 1914)

den Feldzugsplan, rettete aber die 1. Armee und die Geschlossenheit der deutschen Front.

Dagegen glauben wir, daß zwei andere Vorwürfe berechtigt sind, von denen der erste die französische und die deutsche Heeresleitung gleichermaßen trifft, während der zweite Vorwurf in der Tat nur Moltke gemacht werden kann.

Erstens: Beide Heeresleitungen, die deutsche wie die französische, unterlagen einem grundlegenden operativen Irrtum. Beide glaubten nämlich unerschütterlich an die Überlegenheit der Offensive, des Angriffs, während tatsächlich unter den waffentechnischen Bedingungen von 1914 die Verteidigung dem Angriff überlegen war; und zwar ganz eindeutig, so daß sämtliche Schlachten dort, wo Armeen direkt aufeinanderprallten, sehr schnell und geradezu zwangsläufig einen stationären

Charakter annahmen. Diese Überlegenheit der Verteidigungswaffen wurde später in einem vierjährigen Stellungskrieg für jedermann greifbar, beherrschte aber – unerkannt von den Generälen – auch schon die Eröffnungsschlachten und insbesondere die Marneschlacht. (Um so wichtiger wurden Frontlücken und offene Flanken – die einzigen Räume, in denen operative Bewegungen überhaupt noch möglich waren.) Weder der französische Generalissimus Joffre noch Generaloberst von Moltke haben das begriffen.

Zweitens: Die deutsche Heeresleitung wurde mit dem Faktor nicht fertig, den Clausewitz »die Friktion im Kriege« genannt hat. Dieser Faktor nahm gerade in der Anfangsphase des Ersten Weltkriegs auf beiden Seiten ungeheuerliche Ausmaße an – derart, daß man manchmal geradezu den Eindruck gewinnt, der Krieg wurde noch leidenschaftlicher *innerhalb* der beiden feindlichen Führungen als *zwischen* ihnen geführt. Denn auf beiden Seiten führten Armeeführer einen gereizten Privatkrieg untereinander (Kluck gegen Bülow, Lanrezac gegen French und vice versa) wie gegen die jeweilige Oberste Heeresleitung (Lanrezac und Gallieni gegen Joffre, Kluck gegen Moltke). Joffre entschied diesen Privatkrieg zu seinen Gunsten, teils durch bewußtes Nachgeben (gegenüber Gallieni), teils durch brutale, ungerechte Entlassung widerspenstiger Armeeführer (Ruffey, Lanrezac), teils durch persönlichen Einsatz und dramatische Überredungskraft (gegenüber French). Moltke dagegen handelte in der Tradition seines berühmten Onkels, des siegreichen Generalfeldmarschalls von 1870/71, und ließ seinen Armeeführern – im Vertrauen auf die einheitliche Denkschulung des deutschen Generalstabs – weiten Spielraum zur Eigeninitiative. Er griff erst ein, als das Kind in den Brunnen gefallen war.

Das ist der wirkliche Vorwurf, den man Moltke machen kann, ja machen *muß*. Obwohl es auch da mildernde Umstände gibt: Er hatte gleichzeitig die Ostfront gegen Rußland zu bedenken, mußte auf den ständig im Hauptquartier anwesenden Kaiser Wilhelm II. und seine Launen Rücksicht nehmen und litt unter fast unüberwindlichen Kommunikationsschwierigkeiten – zerstörtes Telefonnetz, miserable

Funktechnik, lange Verbindungswege. Joffre dagegen hatte nur *einen* Kriegsschauplatz zu kommandieren, wurde von Präsident und Regierung gänzlich in Frieden gelassen und hatte unmittelbar hinter seiner Front das intakte französische Straßen- und Telefonnetz zur Verfügung.

Diese beiden Vorwürfe also sind berechtigt, weil sie nachweisbar sind, und sie treffen – auf beiden Seiten – die Generäle. Denn die Marneschlacht war im Grunde keine *Soldaten*schlacht, sondern eine *Generals*schlacht. Die Soldaten vollbrachten – egal, auf welcher Seite der Front – alles, was ihnen abverlangt wurde: übermenschliche Marschleistungen unter sengender Hitze ebenso wie mörderische Kampfleistungen unter taktisch verfehlten Bedingungen. Sie versagten nirgends; weder die Deutschen noch die Briten oder Franzosen. Es versagten statt dessen – die Generäle! Und das war das eigentliche »Wunder« an der Marne, mit dem niemand im Vorkriegseuropa gerechnet hatte.

Das rückt die Charaktere der Generäle auf beiden Seiten in den Vordergrund der Marneschlacht. Und zwar einmal ihre *individuellen* Charaktere: die Hamletnatur Moltkes; die Methodik und Rechthaberei Bülows; das Ungestüm und die Ungeduld Klucks; die bullige, etwas beschränkte, aber geradlinige Unerschütterlichkeit Joffres; den verzweifelt hazardierenden Wagemut und Eigensinn Gallienis; die mürrische Unberechenbarkeit Frenchs. Zum zweiten den *allgemeinen* Berufscharakter: Alle Generäle sind Willensmenschen, müssen es sein; wenn sie es nicht sind, haben sie ihren Beruf verfehlt. Aber dieselbe Willenskraft und Unnachgiebigkeit, ohne die sie keine guten Generäle wären, macht sie zugleich zu schlechten Kollegen und schwierigen Untergebenen.

Der Marnefeldzug illustriert das sich daraus ergebende Unheil stärker als jeder andere, weil er zugleich noch etwas demonstriert: nämlich die eigentümliche Betriebsblindheit der Generäle am Anfang eines Krieges, nach langer Friedensperiode, unter völlig neuen, unerprobten kriegstechnischen Bedingungen. Alle handeln in solcher Lage, ohne die Umstände und Folgen ihres Handelns wirklich zu überblicken. Alle tappen, mit ungeheurer Energie, im dunkeln und wissen im Grunde keinen Augenblick wirklich, was sie tun. Die Ironie der Marneschlacht ist es, daß sich dabei der Allerblindeste, bis zum Schluß in seinen Irrtümern völlig Unerschütterliche (Joffre) dem Klügeren, Selbstkritischeren, Tiefersehenden (Moltke) schließlich überlegen erweist.

Keiner der Generäle, die das Marnegeschehen beherrschen, ist eine lächerliche, verächtliche oder (mit der möglichen Ausnahme Frenchs) auch nur unsympathische Figur. Auch wenn keiner sich zum Heldendenkmal eignet, so haben doch alle respektable, teilweise imponierende Züge. Zu einer allgemeinen Generalsschelte besteht kein Anlaß. Dennoch bleibt als Gesamteindruck eine Bestätigung des Clemenceauschen Diktums: »Krieg ist eine zu ernste Sache, um ihn den Generälen zu überlassen.«

★

Halten wir fest: Das, was sich Anfang September 1914 an der Marne abspielte, war in erster Linie eine Generalsschlacht. Die Generäle waren es, die *bewußt* agierten und *unabsichtlich* versagten. Deshalb werden wir der Sache nur auf den Grund kommen, wenn wir die Geister der Generäle beschwören: Wenn wir sie noch einmal ihre Schlachten schlagen lassen, indem wir sie sprechen und (laut) denken lassen.

Dank einer beispiellosen Fülle an Rechtfertigungs- und Memoirenliteratur sind wir in der Lage, die geheimsten Windungen und Empfindungen im Hirn jedes einzelnen aufzuspüren. Wir können also *nach*erleben, als wenn wir *mit*erlebt hätten. Wir können das Mittel der szenischen Rekonstruktion anwenden, weil wir aus der Literatur das Pro und Contra der jeweiligen Argumente wie der intellektuellen Prozesse kennen. Alles das, was die Generäle in eigener Sache vortragen, ist die Quintessenz ihrer eigenen (literarischen) Reflexionen.

Das Ganze ist ein *psychologisches Drama,* und die Agierenden treten wie Schauspieler in den fortlaufenden Szenen eines Theaterstückes auf. Sie reden und denken, denken und reden: in einer unaufhörlichen Kette von Dialogen und Monologen.

Keine dieser Szenen spielt auf dem Schlachtfeld. Keine Massen von Soldaten, kein Kanonendonner, keine krepierenden Granaten, keine Toten. Wie sich alles »von unten« ansah und was es dort an Schrecklichkeiten und Heldentaten, an Blut und Leichen, Strapazen und Enttäuschungen gab – es wird sorgfältig wegfiltriert.

Die Marneschlacht spielt sich hier ausschließlich in den Haupt- und Stabsquartieren ab. Es ist eine Schlacht in den Gehirnen, und es wird kein Blut vergossen. Aber das Blut gerinnt dem Lesenden, dem Betrachtenden, wenn er das psychologische, das geistige Duell verfolgt, das die *Führenden* sich lieferten. Jetzt erst sieht man in aller Schärfe, was die jeweiligen Entscheidungen für die *Ausführenden,* für die kleinen Subalternoffiziere und einfachen Soldaten, bedeuteten.

Um das zu bewirken, wenden wir zwei formale Kunstgriffe an: Wir lassen die Handelnden sich *in direkter Rede* artikulieren – und wir lassen sie im Präsens, *in der Gegenwart,* handeln. Auf diese Weise sehen wir nicht nur, was geschehen *ist,* sondern was geschehen *sollte.* Mit anderen Worten: Wir betrachten die Ereignisse nicht »von hinten«, sondern »von vorn« und erkennen so die Ursachen der verheerenden Wirkungen. Wir schauen den Marionettenspielern auf die Hände, an deren Fäden die Puppen zappeln.

Das Trauerspiel besteht aus einem Prolog, zwei Akten, einem Zwischenakt und einem Epilog. Etwa zwanzig handelnde Personen treten auf; zur Hälfte Deutsche, zur anderen Hälfte Franzosen und Briten. Die Schweinwerfer sind eingeschaltet. Vorhang auf!

Als handelnde Personen treten auf

auf deutscher Seite

Kaiser Wilhelm II.
Reichskanzler v. Bethmann Hollweg
Generaloberst v. Moltke
Generaloberst v. Kluck
Generaloberst v. Bülow
Generaloberst v. Hausen
Generalleutnant v. Lauenstein
Generalmajor v. Kuhl
Generalmajor v. Tappen
Oberstleutnant Hentsch

auf französischer Seite

Minister Messimy
Minister Millerand
General Joffre
General Gallieni
General Lanrezac
General Belin
General Berthelot
Oberst Alexandre
Major Gamelin

auf britischer Seite

Feldmarschall French
General Murray
General Wilson

Prolog

Am 1. August 1914, dem Tage des Kriegsausbruchs, hat der Chef der deutschen Obersten Heeresleitung, Generaloberst von Moltke, ein schreckliches Erlebnis.

Gegen fünf Uhr nachmittags hatte Seine Majestät, Kaiser Wilhelm II., die deutsche Mobilmachung befohlen. Moltke befindet sich gerade auf dem Rückweg vom kaiserlichen Schloß in Berlin zum Gebäude des Generalstabes, als ihn der Befehl erreicht, sofort ins Schloß zurückzukehren: es sei eine wichtige Nachricht eingetroffen.

Moltke dreht sofort um und trifft im Schloß, im großen Sternsaal, neben dem Kaiser den Reichskanzler von Bethmann Hollweg. Der Reichskanzler und der Kaiser sind freudig erregt über den Inhalt einer soeben vom deutschen Botschafter in London, Fürst Lichnowsky, eingetroffenen Depesche. Es herrscht eine angeregte, ja optimistische Stimmung.

BETHMANN HOLLWEG *(hält das Telegramm in der Hand, referiert den Inhalt und liest gelegentlich eine Passage wörtlich)*
Das kommt von Lichnowsky aus London. Abgesandt 1.30, entziffert 4.30 Uhr. Er schreibt, daß er im Verfolg seiner Instruktionen heute den britischen Staatssekretär Grey im Foreign Office aufgesucht habe. Und der habe ihm mitgeteilt *(der Reichskanzler sucht die Stelle, setzt seine Brille auf und liest freudig-emphatisch)*, England wolle die Verpflichtung übernehmen, daß Frankreich nicht in den Krieg gegen uns eintreten werde, wenn Deutschland sich seinerseits verpflichte, keine feindselige Handlung gegen Frankreich zu unternehmen!

Bethmann läßt die Depesche sinken und blickt sich triumphierend um.

WILHELM *(wendet sich zu Moltke und schlägt ihm, der nervös zusammenzuckt, burschikos auf die Schulter)*
Ist das nicht großartig, Moltke? Nun brauchen wir also nur noch Krieg gegen Rußland zu führen! Also, wir marschieren einfach mit dem ganzen Heer im Osten auf ...

MOLTKE *(kreidebleich im Gesicht, antwortet nach einer Pause, in der er mühsam nach Worten sucht)*
Das ist ganz und gar unmöglich!

Im Saal breitet sich allgemeine Bestürzung aus; der Kaiser erstarrt.

BETHMANN HOLLWEG *(tritt erregt auf Moltke zu)*
Wieso? Was heißt hier unmöglich? Warum soll ein Ostaufmarsch unseres Heeres nicht ebenso möglich sein wie ein Westaufmarsch?

MOLTKE *(gequält dozierend)*
Der Aufmarsch eines Millionenheeres läßt sich nun einmal nicht improvisieren! Er ist das Ergebnis einer vollen, mühsamen Jahresarbeit und kann, einmal festgelegt, nicht geändert werden.
Unser Aufmarschplan ist aber seit einem Jahr endgültig und ausschließlich auf den Westaufmarsch festgelegt; aus absolut zwingenden strategischen Gründen ...

WILHELM *(unterbricht ihn impulsiv)*
Unsinn, Moltke! Wenn wir im Osten Krieg zu führen haben, kann es doch keine strategischen Gründe geben, im Westen aufzumarschieren. Machen Sie keine Umstände!

MOLTKE *(beherrscht sich mühsam und fährt dozierend fort)*
Wenn Euer Majestät darauf bestehen, das gesamte Heer nach dem Osten zu führen, so werden Sie keine schlagfertigen Armeen, sondern einen wüsten Haufen ungeordneter, bewaffneter Menschen ohne Verpflegung haben.

WILHELM *(springt vom Stuhl auf und schlägt mit der Faust auf den Tisch)*
Ihr Onkel, der Sieger von Sedan, würde mir eine andere Antwort gegeben haben!

MOLTKE *(ist sehr gekränkt)*
Ich habe nie den Anspruch erhoben, dem Feldmarschall gleichwertig zu sein. *(Er nimmt sich zusammen.)* Majestät, unser Aufmarschplan sieht *starke* Offensivkräfte gegen Frankreich und *schwache* Defensivkräfte gegen Rußland vor. Er muß planmäßig ablaufen! *Nach* beendetem Aufmarsch kann man beliebig starke Kräfte nach dem Osten überführen. Am Aufmarsch selbst darf nichts geändert werden! Sonst kann ich keine Verantwortung übernehmen.

BETHMANN HOLLWEG *(reagiert, bevor der Kaiser antworten kann, und betont jedes Wort)*
Und ich als Reichskanzler kann nicht die Verantwortung dafür übernehmen, daß wir auf das englische Anerbieten nicht eingehen!

Während Moltke die Schultern zuckt und der Kaiser erregt auf und ab geht, setzt sich der Reichskanzler an einen Tisch und entwirft die

Antwortdepesche. Er schreibt, daß Deutschland das englische Angebot sehr gern annähme, daß aber der einmal geplante Aufmarsch, auch an der französischen Grenze, aus technischen Gründen zunächst ausgeführt werden müßte.

MOLTKE *(der im Laufe der letzten Minuten in eine fast verzweifelte Stimmung gekommen ist, meldet sich wieder zu Wort)*
Ich muß hier aber einschalten, daß in unserem Mobilmachungsplan die Besetzung Luxemburgs durch die 16. Division vorgesehen ist. Und zwar bereits am ersten Mobilmachungstag!

BETHMANN HOLLWEG *(ist tief schockiert)*
Das darf unter keinen Umständen stattfinden! Besetzung Luxemburgs? Das wäre ja eine direkte Bedrohung Frankreichs und würde die angebotene englische Garantie vollkommen illusorisch machen!

WILHELM *(schneidet Moltke, der antworten will, das Wort ab und wendet sich an den soeben eintretenden Generaladjutanten von Plessen)*
Plessen, telegrafieren Sie an die 16. Division in Trier. Befehl: Einmarsch in Luxemburg hat zu unterbleiben!

MOLTKE *(ringt förmlich nach Luft. Während der Generaladjutant den kaiserlichen Befehl im Stehen niederschreibt, protestiert er verzweifelt)*
Wir müssen aber unter allen Umständen die luxemburgischen Bahnen gegen einen französischen Aufmarsch sichern! – Majestät! – Wir brauchen diese Bahnen unbedingt für unseren

weiteren Aufmarsch! Jeder Zug ist auf die Minute geregelt, jede Änderung bringt alles durcheinander!

WILHELM *(winkt unwirsch ab)*
Benutzen Sie andere Bahnen. Es bleibt bei dem Befehl!

Generaloberst v. Moltke, völlig gebrochen, wartet noch auf ein weiteres Wort; aber der Kaiser wendet sich ab. Moltke verbeugt sich stumm und verläßt den Saal. Mit geschlossenen Augen läßt er sich wieder in das Generalstabsgebäude fahren und betritt, beinahe geistesabwesend, sein preußisch karg eingerichtetes Dienstzimmer, an dessen Mittelwand ein großes Bild seines Onkels, des Generalfeldmarschalls Helmuth v. Moltke, hängt.

Der Generaloberst nimmt an seinem Schreibtisch Platz und brütet verzweifelt vor sich hin. Von draußen dringt der Jubel der kriegsbegeisterten Massen zu ihm herein: »Es braust ein Ruf wie Donnerhall ...« und »Zum Rhein, zum Rhein, zum deutschen Rhein ...« Moltke steht auf, schließt das Fenster und läßt sich wieder schwer in seinen Schreibtischstuhl fallen. Als es an der Tür klopft, antwortet er nicht. Generalmajor v. Tappen tritt ein.

TAPPEN *(tritt an den Schreibtisch)*
Exzellenz, hier ist der ausgefertigte Befehl Seiner Majestät an die 16. Division in Trier zur Unterschrift.

MOLTKE *(unwirsch)*
Machen Sie mit der Depesche, was Sie wollen! Ich unterschreibe nicht.

Tappen tritt ab, und Moltke sinniert in dumpfer Stimmung. Er weiß, daß der Krieg bereits begonnen hat, aber er weiß nicht, was er tun soll.

In seinen Augen läuft alles schief, ehe es überhaupt richtig begonnen hat. »Furchtbar«, murmelt er wiederholt vor sich hin.

Um 11 Uhr abends wird Moltke plötzlich wieder in das Schloß befohlen. Als er eintrifft, wird er in den Ankleideraum vor dem Schlafzimmer des Kaisers geführt. Wilhelm II. war offensichtlich schon zu Bett gewesen, aber wieder aufgestanden. Der Kaiser, der flüchtig einen Uniformrock übergeworfen hat, hält eine Depesche des englischen Königs in der Hand, die er Moltke schweigend übergibt. König Georg V. schreibt darin, ihm sei von einer Garantie Großbritanniens, Frankreich vom Krieg gegen Deutschland abzuhalten, nichts bekannt. Die Depesche des Fürsten Lichnowsky, des deutschen Botschafters in London, müsse auf einem Irrtum beruhen oder er müsse etwas falsch verstanden haben.

WILHELM *(der sehr erregt auf und ab gegangen ist, sagt zu Moltke)*
Nun können Sie machen, was Sie wollen . . .

Der Chef der deutschen Obersten Heeresleitung verläßt gesenkten Hauptes langsam das Berliner Schloß. Über seine Empfindungen hat er später geschrieben:

Das war mein erstes Erlebnis in diesem Kriege.
Ich habe diese Eindrücke nie mehr überwinden können.
Es war etwas in mir zerstört, das nicht wieder aufzubauen war. Zuversicht und Vertrauen waren erschüttert . . .

1. Akt

2. August bis 4. September 1914

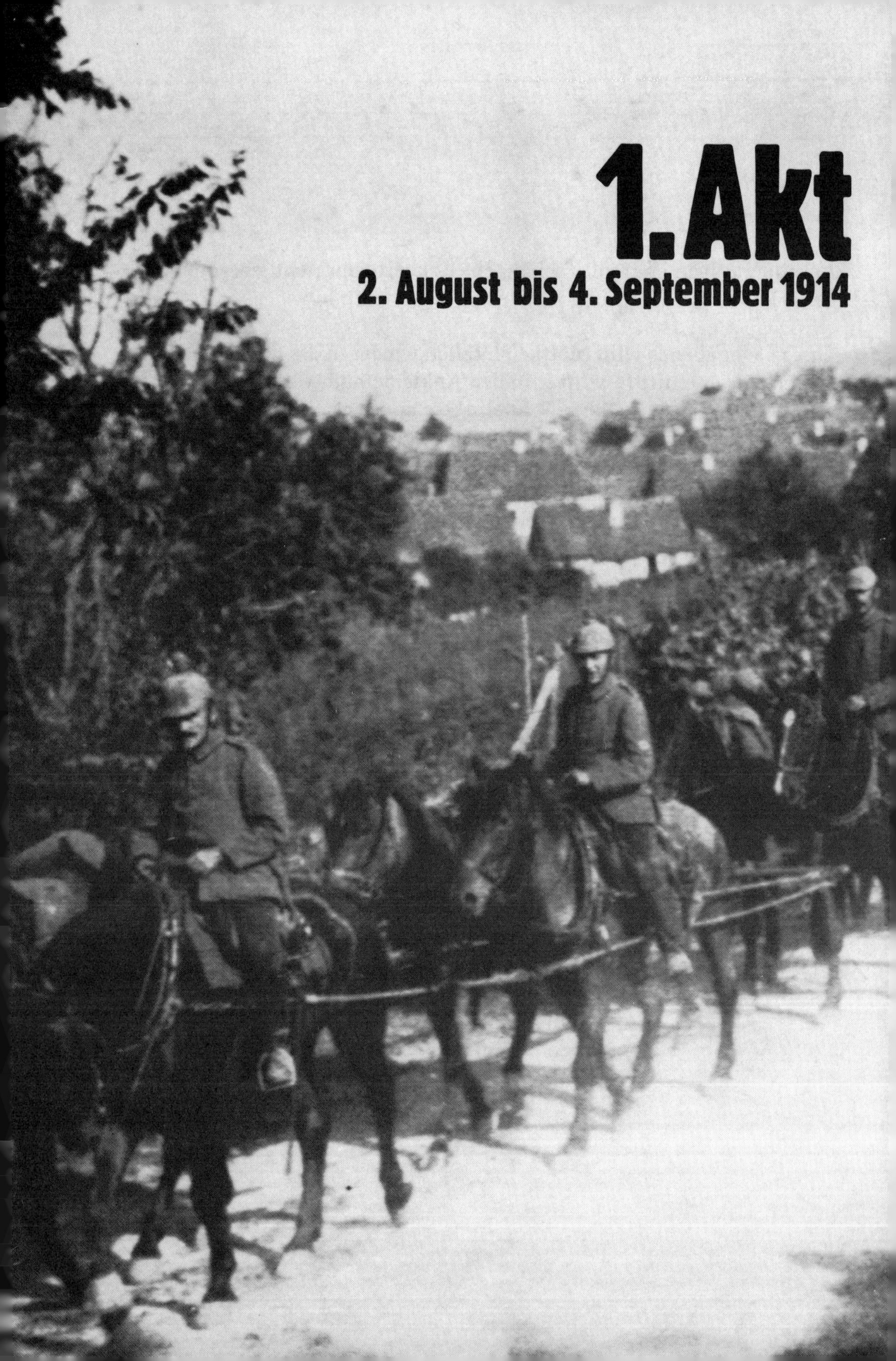

Der Aufmarschplan des deutschen Generalstabs, den Moltke in den Grundzügen von seinem Vorgänger, Generalfeldmarschall Graf Schlieffen, übernommen hatte, besaß *einen* Grundgedanken: Im Falle eines Zweifronten-Krieges die Westfront sofort auszuschalten, also Frankreich binnen sechs Wochen total zu erledigen, um sich dann mit gesammelter Kraft nach Osten, gegen Rußland, wenden zu können. Das war ein Vabanquespiel, und dafür nahm der Generalstab vieles in Kauf: den drohenden Verlust Ostpreußens, den Bruch der belgischen und luxemburgischen Neutralität, den sicheren Kriegseintritt Englands. Alles hing davon ab, daß der große Wurf gelang. Und fünf Wochen lang schien auch alles zu gelingen.

Generaloberst v. Moltke hatte in seiner Aufmarschanweisung für 1914 geschrieben: »Die Hauptkräfte des deutschen Heeres sollen durch Belgien und Luxemburg nach Frankreich vorgehen. Ihr Vormarsch ist als Schwenkung unter Festhalten des Drehpunktes Diedenhofen–Metz gedacht. Maßgebend für das Fortschreiten der Schwenkung ist der rechte Heeresflügel! Die Bewegungen der inneren Armeen werden so geregelt werden, daß der Zusammenhang des Heeres und der Anschluß an Diedenhofen–Metz nicht verlorengeht. Den Schutz der linken Flanke der Hauptkräfte des Heeres sollen neben den Festungen Diedenhofen und Metz die südöstlich Metz aufmarschierenden Heeresteile übernehmen.«

Und so wurde im Sommer 1914 auch aufmarschiert. Bis zum 17. August waren in rund 10000 Bahntransporten etwa 1,5 Millionen Mann und 750000 Pferde an die Westgrenze gefahren worden. Der große Vormarsch durch Belgien und Nordfrankreich hatte planmäßig beginnen können.

Die Deutschen hatten an der Westfront sieben Armeen: von Norden nach Süden gezählt mit den Nummern Eins bis Sieben. Die Franzosen hatten nur fünf Armeen: von Süden nach Norden gezählt mit den Nummern Eins bis Fünf. Dazu mußte man im Norden noch die belgische Armee mit ca. 340000 Mann und die britische Expeditionsstreitmacht von ca. 160000 Mann rechnen. Die gegnerischen Kräfte waren also etwa gleich stark wie die deutschen.

Alles, was sich am südlichen Frontteil, von der französischen Festung Verdun bis zur Schweizer Grenze, zwischen den deutschen Armeen Vier bis Sieben und den französischen Armeen Vier bis Eins abspielte, können wir vergessen. Hier wurde die ganze Zeit zwar erbittert und blutig gekämpft; aber es wurde nichts entschieden.

Aber auf dem rechten Flügel, wo die Deutschen nach Belgien und Nordfrankreich einbrachen – hier sieht es zunächst für die Deutschen glänzend und für die Franzosen verzweifelt aus. Von drei deutschen Armeen hat nur die Zweite (Generaloberst v. Bülow), in der Mitte des Nordflügels, einen gleich starken Gegner vor sich: die französische Fünfte Armee (General Lanrezac).

Vor der deutschen Dritten Armee (Generaloberst v. Hausen) steht fast gar nichts, und vor der nördlichsten deutschen Armee, der Ersten (Generaloberst v. Kluck), steht nur die britische Expeditionsarmee (Feldmarschall French).

Die Briten sind am 15. August mit der französischen 5. Armee unter Lanrezac, deren linken Flügel sie decken sollen, in Fühlung getreten. Und sofort kommt es zu einer ebenso schrecklichen wie bezeichnenden Szene: Feldmarschall Sir John French macht seinem »Nachbarn« Lanrezac am 17. August einen Antrittsbesuch.

French, weißes Haar, rotes Gesicht, weißer Hängeschnurrbart, wenig Intelligenz, aber beste kühle Manieren, betritt – begleitet von einem Dolmetscher und zwei Adjutanten – das Hauptquartier der 5. französischen Armee. Es befindet sich in einem ausgeräumten und primitiv umgestalteten Klassenzimmer, in dem man noch die Schultafel sieht. Er verbeugt sich gegen General Lanrezac: dunkles kreolisches Gesicht, finsteres sarkastisches Wesen, cholerisches Temperament, sehr von sich eingenommen, sehr intelligent.

Lanrezac *(dreht sich abrupt zu seinen britischen Gästen um)*
Ah, da sind Sie! Wird auch Zeit. Wissen Sie, daß Sie die Schuld träfe, wenn wir jetzt vernichtet wären? Wissen Sie, daß Sie bis jetzt unsere linke Flanke weit offengelassen haben?

Allgemeine Betretenheit, bei Briten wie Franzosen.

French *(der den Ausfall Lanrezacs kühl ignoriert, stellt ihm eine höfliche Frage)*
Was ist Ihre Meinung, General? Glauben Sie, daß die Deutschen hinter der Maas bleiben werden? Oder haben Sie den Eindruck, sie wollen die Maas überschreiten?

So viel strategische Ignoranz bringt den französischen Armeeführer zur Weißglut.

Lanrezac *(nimmt seinen Kneifer ab und wendet sich mit einem giftigen Blick an den Dolmetscher)*
Sagen Sie dem Feldmarschall, meiner Meinung nach sind die Deutschen zum Fischen an die Maas gekommen!

Der hochmütige French wird das dem giftigen Lanrezac niemals vergessen, und die Beziehungen der Alliierten sind vom ersten Augenblick an belastet.

In blutigen Grenzschlachten werden die Briten und die 5. französische Armee in den Tagen vom 22. und 24. August geschlagen: bei Mons und Charleroi.

Die deutschen Armeen lassen Belgien hinter sich und dringen unaufhaltsam nach Südwesten vor; Richtung Paris. Was Schlieffen sich ausgedacht und Moltke zur Richtschnur der Operation gemacht hat, funktioniert: Wie eine unaufhaltbare Drehtür schiebt der rechte deutsche Heeresflügel Briten und Franzosen nach Süden.

Die 5. französische Armee Lanrezacs hat die verlustreiche Schlacht bei Charleroi gerade noch rechtzeitig abgebrochen, ehe sie von der deutschen Dritten Armee in der Flanke gefaßt werden konnte. Seitdem ist sie – ebenso wie die britische Expeditionsarmee – auf dem Rückzug, und Lanrezac wie French kennen nur eine einzige Sorge, sich nicht allzubald wieder mit diesen furchtbaren feldgrauen Divisionen der Preußen Kluck und Bülow messen zu müssen.

In diesem Augenblick tritt endlich der alliierte Oberbefehlshaber in Aktion: General Joseph Jacques Césaire Joffre, eines von elf Kindern eines Faßbinders, gedrungene Figur, das Generalskäppi tief in die hellen Augen gezogen, wortkarg, nein: schweigsam. In seinem Hauptquartier halten ihn manche für dumm, weil er praktisch nie etwas sagt.

Joffre hat in der Tat vom 17. bis zur Nacht des 24./25. August fast nichts begriffen. Er hat die Deutschen sträflich unterschätzt. Vor allem wollte er nicht wahrhaben, daß ihre Reservedivisionen und Reservekorps in vorderster Linie kämpfen und sich erfolgreich gegen aktive französische Verbände durchsetzen könnten. Jetzt muß er zur Kenntnis nehmen, daß Reservekorps der deutschen 2. Armee die Truppen seiner 5. gründlich geschlagen haben.

Und etwas anderes muß er begreifen: daß sich die Franzosen, die jahrelang nur auf Angriff, auf »Offensive« gedrillt wurden, sehr schwerfällig und ungeschickt beim Rückzug benehmen, daß sie von flexiblen Absetzbewegungen keine Ahnung haben. Und nun zieht sich die 5. Armee Lanrezacs, ziemlich derangiert, immer weiter nach Süden zurück, und vor der Marne scheint sie sich den Deutschen nicht mehr zum Schlagabtausch stellen zu wollen.

Jetzt endlich begreift Joffre, daß er handeln muß, *dringend* und *entschlossen* handeln muß. Operatives fällt ihm dazu nicht ein, aber Organisatorisches. Denn hinter sich hat er ein vorzügliches Straßen- und Eisenbahnnetz, und mit dessen Hilfe muß er umgruppieren, mit anderen Worten: muß er eine große Manövriermasse hinter seinem linken, nördlichen Heeresflügel konzentrieren. Dazu erläßt er, am 25. August, die Generalinstruktion Nr. 2: »Da die vorgesehene Offensivbewegung nicht durchgeführt wurde, werden die nachfolgenden Operationen so geregelt, daß an unserem linken Flügel eine Heeresmasse gebildet wird, die imstande ist, die Offensive wiederaufzunehmen, während die anderen Armeen so lange wie nötig den Kräfteeinsatz des Feindes aufhalten werden.«

Aufhalten, den deutschen Vormarsch wenigstens verlangsamen – darauf kommt es jetzt für den französischen Generalissimus während der Umgruppierung seiner Kräfte an. Aber dafür hat er nur Lanrezacs 5. Armee zur Verfügung.

Der Befehlshaber der Fünften, General Lanrezac, sieht das alles ganz anders. In seinen Augen ist seine Armee in der furchtbaren Gefahr, von den Deutschen eingekreist zu werden. Lanrezac, einer der erfahrensten Generäle des französischen Heeres, sieht in dieser Lage nur eines: Er muß zurückgehen, um seine Armee zu retten. »Solange die 5. Armee noch existiert, ist Frankreich noch nicht verloren«, sagt er. Und am 28. August, als er von Joffre den Befehl erhält, den Rückzug einzustellen, wieder Front zu machen und der deutschen 2. Armee erneut eine Schlacht zu liefern, da bockt Lanrezac. Er ist nicht bereit, blindlings zu gehorchen.

Was soll Joffre nun tun? Lanrezac ist das beste Pferd in seinem Stall. Mag er ein sarkastisches Schandmaul, mögen seine Manieren unmöglich sein, dieser Lanrezac ist kaum zu ersetzen. Aber an Nachgeben denkt Joffre nicht. Er schickt, an diesem glutheißen 28. August, den Oberst Alexandre aus dem Großen Hauptquartier zu Lanrezac, um seinem Befehl Nachdruck zu verleihen.

LANREZAC *(explodiert sofort, als Oberst Alexandre sich bei ihm meldet)*
Kehrtmachen? Angreifen? Ist man bei Euch im Hauptquartier vollständig wahnsinnig geworden?

ALEXANDRE *(beleidigt)*
Mäßigen Sie sich, mon Général. Niemand ist wahnsinnig geworden . . .

LANREZAC *(springt vom Stuhl auf, geht zur Wandkarte und erläutert mit energischen Armbewegungen; dabei Kneifer immer auf und ab)*
Schauen Sie her, Oberst: Hier bin ich, mit einer schwer angeschlagenen Armee und mit einem starken Gegner auf den Fersen. Und hier steht die noch stärkere 1. deutsche Armee, beinahe in meiner linken Flanke. Denn die Engländer, die Arschlöcher, sind natürlich längst weit zurück! Und hier steht die 3. deutsche Armee, auf meiner rechten Flanke, und nichts, nichts, nichts, um sie aufzuhalten. Wenn ich meine Fünfte heil aus dieser Falle herausbringe, kann Frankreich mir dankbar sein . . .
Und da soll ich sehenden Auges angreifen, absichtlich tiefer in die Falle hinein, damit sie zuschnappt? . . . Schwachsinn! Irrsinn!

ALEXANDRE *(läßt sich nicht beeindrucken)*
Rechts und links von Ihnen stellen wir jetzt neue Armeen auf, und Sie, mon Général, müssen uns eben die Zeit dazu verschaffen. Ist doch nicht so schwer!
Sehen Sie *(der Oberst spreizt die fünf Finger seiner rechten Hand in die Luft)*, hier stehen

Sie mit Ihren fünf Korps; Richtung Nord. Sie drehen einfach Richtung Nordwest; Drehpunkt links Ihr XVIII. Korps. Das wird den Feind schon für ein paar Tage aus der Balance werfen.

LANREZAC *(wütend Kneifer auf, Kneifer ab)*
Sie reden Unsinn, Oberst! Ehe Sie mir meinen Beruf beibringen wollen, gehen Sie erst mal nach Hause und lernen Sie den Ihren. Und bestellen Sie Ihren kleinen, mißratenen Fibelstrategen im Hauptquartier, sie sollen sich auch erst einmal ein paar strategische Grundbegriffe aneignen! Mindestens sollten sie lernen, bis drei zu zählen!

ALEXANDRE Ja, natürlich, wenn Sie nicht kämpfen *wollen* . . .

General Joffre hört sich Alexandres Schilderung an, ohne ein Wort zu sagen. Am 29. morgens zieht er sich sein Käppi tief in die Augen und begibt sich selbst zu Lanrezac. In seiner Begleitung der Major Maurice Gustave Gamelin, der 25 Jahre später, 1939, der Oberkommandierende der alliierten Streitkräfte sein wird.

JOFFRE Guten Morgen. Ich gebe Ihnen neuerlich Befehl, Ihren Rückzug abzubrechen und heute noch anzugreifen. Richtung Nordwest, Operationsziel Saint-Quentin.

LANREZAC *(höflich, arrogant, ironisch)*
Sämtliche Befehle sind vorbereitet. Die Operation kann in einer Stunde beginnen.

JOFFRE *(setzt sich)*
Ah, gut.

LANREZAC *(bleibt kerzengerade stehen)*
Ich möchte mir nur gestatten, mon Général, darauf hinzuweisen, daß ich einen gleich starken Gegner angreife und riskiere, wenn ich Richtung Nordwest nehme, in meiner rechten Flanke von einem ebenso starken, unabgedeckten Gegner meinerseits angegriffen zu werden. Der Angriff dürfte aus der Richtung Guise kommen.

Er demonstriert an der Karte, dozierend, Kneifer auf, Kneifer ab und schließlich hinter das rechte Ohr:

Was Sie mir befehlen und was ich auf Ihren Befehl und Ihre Verantwortung ausführen werde – aber *nur* auf Ihren Befehl und Ihre Verantwortung –, ist das klassische Manöver des Terentius Varro in der Schlacht bei Cannae, das bekanntlich mit der Vernichtung seiner Armee endete.

General Joffre springt auf. Nach der vorherigen Schweigsamkeit wirkt der plötzliche Zornesausbruch erschreckend.

JOFFRE *(schießt seine Sätze in kurzen, wilden Stößen heraus)*
Sie haben mich nicht zu belehren, Sie haben zu gehorchen. Sie sind ein Meuterer! Ich könnte Sie füsilieren lassen. Und wie sind Sie mit den Engländern umgegangen! Sie sind eine Gefahr für die Armee! Wollen Sie, daß ich Sie Ihres Kommandos enthebe?

LANREZAC *(bleibt ganz kalt)*
Wie gesagt, alle Befehle sind ausgefertigt.

JOFFRE *(schwer atmend)*
Lassen Sie sie hinausgehen. Sofort!

Joffre setzt sich in eine der an den Wänden stehenden Schulbänke. Er ist plötzlich wieder ganz ruhig.

JOFFRE Lassen Sie sich nicht stören, General.

Lanrezac dreht sich abrupt auf dem Absatz um, läßt sich die vorbereiteten Befehle von einem Major reichen und zeichnet sie heftig ab. Ordonnanzen stürzen herein und hinaus.

Und Joffre? Er sitzt da, unbeweglich, den ganzen Vormittag, vollkommen schweigend, wie ein Lehrer, der einen unbotmäßigen Schüler bei den Schularbeiten überwacht.

Befehle gehen hinaus, Meldung kommen herein; allgemeine Hektik. Joffre sitzt da und schweigt. Lanrezac, nun auch wortlos, reicht ihm hin und wieder Meldungen. Joffre liest, nickt und schweigt. Als die 5. Armee endlich in Schwung gekommen ist, scheint er zufrieden zu sein.

JOFFRE *(zu Lanrezac, der ihm die letzten Befehle zeigt, in völlig ruhigem Ton, als hätte nie etwas stattgefunden)*
Doch, das hat Logik und Methode. Viel Glück!
Ich muß jetzt weiter.

Und schon geht es weiter nach Compiègne, ins britische Hauptquartier. Doch hier, bei den Engländern, kann Joffre nichts befehlen. Hier kann er nur schmeicheln und bitten.

Feldmarschall Sir John French und sein Stabschef, General Murray, empfangen General Joffre und Major Gamelin in einem gepflegten Schloßpark.

JOFFRE *(kommt nach kurzer Begrüßung sogleich zur Sache)*
Feldmarschall, ich stelle jetzt links von Ihnen eine neue Armee zusammen, die Sechste. Ich brauche dazu drei bis vier Tage. Es kommt alles darauf an, den feindlichen Vormarsch diese drei, vier Tage lang aufzuhalten. Rechts von Ihnen greift meine Fünfte gerade jetzt wieder an. Ich bitte Sie, ebenfalls wieder kehrtzumachen und wenigstens drei Tage lang hinhaltenden Widerstand zu leisten. Ohne Ihre beiden Korps ist die linke Flanke der Fünften ungedeckt. Ich weiß, Sie haben in den heldenhaften Kämpfen bei Mons und Le Cateau schwere Verluste gehabt. Aber ich weiß auch, was Ihre großartige Truppe leisten kann, wenn es darauf ankommt. Es ist Frankreich, das Sie durch mich bittet.

Murray zupft French am Ärmel, aber das wäre gar nicht nötig.

FRENCH *(wischt Murrays Hand lässig beiseite und antwortet Joffre nach einigen Sekunden peinlichen Schweigens eisig höflich)*
Ich bedaure unendlich, aber ich fürchte, das ist ganz unmöglich. Ich habe gerade General Wilson in Ihr Hauptquartier geschickt, um Ihnen sagen zu lassen, daß ich zehn Tage brauche, um meine Truppen wieder in Form zu bringen. Ich fürchte, dazu muß ich hinter die Seine zurückgehen. Es tut mir wirklich leid; aber es geht nicht anders.

JOFFRE Feldmarschall, in zehn Tagen kann der Feldzug entschieden sein. Ich brauche Ihre Hilfe *jetzt*!

FRENCH Es tut mir wirklich aufrichtig leid. Es ist leider unmöglich. Ich habe zwei schwere Niederlagen erlitten. Mein Nachbar zur Rechten übrigens auch.

JOFFRE Wir haben Niederlagen erlitten, ja. Aber wir haben noch intakte Armeen, mit denen wir kämpfen können. Solange wir noch intakte Armeen haben, *müssen* wir kämpfen. Denken Sie auch an die Russen. Sie kommen in Ostpreußen glänzend voran. Indem wir hier neun Zehntel der deutschen Armee binden, öffnen wir den Russen den Weg nach Berlin.

FRENCH *(streicht seinen Schnurrbart)*
Sicher, sicher. Ich hoffe es wenigstens. Ich hoffe es mindestens ebenso aufrichtig wie Sie. Aber Ostpreußen ist weit, und ich habe an meine Armee zu denken. *(Er richtet sich auf.)* Es tut mir leid, General; aber im Augenblick kann ich Ihnen nicht helfen. In zehn Tagen gern.

Feldmarschall French erhebt sich abschließend, und die Herren verabschieden sich voneinander.

Joffre fährt über Reims zurück, wo er den englischen General Wilson abfängt. Von ihm erfährt er, daß die Briten sogar mit dem Gedanken umgehen, sich wieder nach England einzuschiffen.

Sehr ernst, sehr bedrückt kommt Joffre spätabends in seinem Hauptquartier an, wo ihn neue Hiobsbotschaften erwarten, als Oberst Alexandre ihm entgegentritt.

ALEXANDRE Bon soir, mon Général. Gut, daß Sie da sind! Lanrezac hat bereits zweimal angerufen. Er fragt, ob Sie ihm befehlen, seine Armee gefangennehmen zu lassen.

JOFFRE Was soll das heißen?

ALEXANDRE Das habe ich auch gefragt. Der Angriff auf Saint-Quentin ist gescheitert! Wenn die Armee nicht zurückgeht, droht ihr morgen die Einkesselung. Ohne neuen Befehl will aber Lanrezac nicht zurückgehen. Er sagt, noch stehe er ja unter striktem Angriffsbefehl bei Strafe der Entlassung. Sie wissen, wie er ist.

JOFFRE Ist das alles?

ALEXANDRE Hier ist noch ein aufgefangener deutscher Funkspruch.

JOFFRE Geben Sie her. *(liest halblaut)* ». . . zwischen Gilgenburg und Ortelsburg unter dem Befehl des Generalobersten von Hindenburg einen großen Sieg errungen . . . fünf russische Armeekorps vernichtet . . . Beute noch nicht zu übersehen . . . russische Zweite Armee hat zu existieren aufgehört . . .«

ALEXANDRE Das braucht natürlich nicht wahr zu sein.

JOFFRE *(antwortet nach längerem Schweigen, fast zerstreut)*
Natürlich ist es wahr. Wozu sollten die Deutschen sich selbst belügen? Fällt ihnen nicht im Traume ein.
(nochmals Schweigen, dann)
Gamelin! Nehmen Sie auf. Wir gehen hinter die

Seine zurück – Sechste Armee wird nicht bei Amiens versammelt, sondern bei Paris – wird dem Militärgouverneur von Paris unterstellt. *(Er versinkt in Schweigen; dann plötzlich)* An Lanrezac: Gefecht sofort abbrechen, Rückmarsch über Aisne und Marne auf Seine. – Großes Hauptquartier verlegt zurück von Vitry-le-François nach Bar-sur-Aube. *(Er schaut seine Mitarbeiter an)* Ich glaube, das ist alles für den Moment. Berthelot soll alles sofort ausarbeiten. Befehlsausgabe morgen früh sechs Uhr.

ALEXANDRE Mon Général! Das ist ja . . . das ist ja wie Kutusows Rückzug auf Moskau! Ist denn alles verloren?

JOFFRE Verloren? *(ganz erstaunt)* Ja, glauben Sie denn nicht mehr an Frankreich? *(kurze Pause, dann wie beschämt, Gefühl gezeigt zu haben)* War ein anstrengender Tag. Zeit fürs Bett.

Das also ist die Lage, nach zehn Tagen schwerer Kämpfe und furchtbarer Schlachten, beim Anbruch des September 1914. Diese Lage ist für die Deutschen glänzend und für die Franzosen verzweifelt. Drei deutsche Armeen – die 1. von Kluck, die 2. von Bülow, die 3. von Hausen – sind im vollen Vormarsch. (Die Marschleistungen der feldgrauen Divisionen sind unvorstellbar und sind erst im II. Weltkrieg durch die Motorisierung übertroffen worden.) Jeder Widerstand vor diesen drei Armeen hat praktisch aufgehört. Die französischen und englischen Generäle haben nur noch den einen Gedanken, ihre schwer angeschlagenen Armeen zu retten.

Aber merkwürdig: Auch die deutschen Armeeführer sind ungeachtet aller Erfolge nicht glücklich. Vor allem sind sie nicht einig! Jeder führt im Grunde seinen eigenen Krieg. Besonders der Befehlshaber der deutschen 1. Armee, die am äußersten rechten Flügel marschiert, Generaloberst v. Kluck, handelt weitgehend auf eigene Faust und faßt jetzt, am 3. September, einen einsamen, folgenschweren Entschluß.

In seinem einfach und feldmäßig eingerichteten Armeehauptquartier, das sich in einer französischen Schule befindet, studiert er gemeinsam mit seinem Chef des Stabes, Generalmajor v. Kuhl, die Karte.

KLUCK *(wirft einen Zirkel auf das Blatt)*
Gott sei Dank, daß wir seit drei Tagen nicht mehr der 2. Armee unterstellt sind. Solange Bülow uns ständig an der Kandare hielt, konnten wir nur ordinäre Siege erringen. Dieser alte Exerziermeister! Jetzt werde ich *ihm* etwas vorexerzieren, nämlich wie man Vernichtungsschlachten gewinnt. Frontalsiege sind für die Katz.
(Er erhitzt sich immer mehr)
Jetzt trompetet Bülow schon wieder rum: Sieg, Sieg – bloß weil er Lanrezacs Gegenangriff bei Saint-Quentin zurückgeschlagen hat. Dieser Sieg bedeutet gar nichts. Lanrezac muß nicht bloß *zurückgeschlagen,* er muß *vernichtet* werden. Und wir werden ihn vernichten: mit der 1. Armee, so wahr mir Gott helfe!
(Er stemmt die Arme in die Hüften)
Wir werden ihm ein westliches Tannenberg bereiten. Was der alte Hindenburg kann, das können wir schon lange. Wahrhaftig, ein Fingerzeig Gottes: Durch seinen blödsinnigen Gegenangriff bei Saint-Quentin hat Lanrezac eineinhalb Marschtage verloren. Wir stehen fast gleichauf mit ihm. Wir müssen nur noch ein bißchen Marschtempo zulegen, und dann:

einschwenken, und Lanrezac in Flanke und Rücken gefaßt! Dann wird er zwischen uns und Bülow zerquetscht.

KUHL *(wiegt nachdenklich den Kopf)*
Ja, und Paris? Wir könnten Paris einnehmen!

KLUCK Paris? Paris kann warten. Es kommt nicht darauf an, Städte zu nehmen, Kuhl, es kommt darauf an, die feindliche Armee zu vernichten. Wir haben nur noch *eine* ernst zu nehmende feindliche Armee vor uns: Lanrezacs Fünfte. Und der gehe ich jetzt an den Kragen, auf Deibel komm raus! Die Welt wird staunen, wie schnell die 1. Armee marschieren kann, schneller, als die Franzosen laufen können! Befehl: 1. Armee schwenkt nach Südosten ab und geht in Gewaltmärschen über die Marne!

Der Befehlshaber der 2. Armee, Generaloberst von Bülow, ist über Klucks Entschluß gar nicht glücklich. Lassen wir ihn laut denken.

BÜLOW Seit Kluck mir nicht mehr unterstellt ist, ist er offensichtlich größenwahnsinnig geworden. Manchmal habe ich wirklich das Gefühl, er führt gar nicht mehr gegen den Feind Krieg, sondern gegen mich. Er läuft mir ja direkt vor die Füße! Lanrezac ist *mein* Gegner, und ich habe zweimal gezeigt, daß ich mit ihm fertig werde. Jetzt heißt es: Nachhauen, Verfolgung, Verfolgung bis zum letzten Hauch von Mann und Roß, bis zur völligen Auflösung des Gegners! Aber wie soll ich verfolgen, wenn Kluck mir ständig meine Vormarschstraßen wegnimmt?

(Der Generaloberst wird immer grimmiger.)
Soll er sich doch um die Engländer kümmern! Aber die hat er anscheinend vollkommen vergessen. Und braut sich nicht auch in Paris etwas zusammen? Mir ist gar nicht wohl dabei, wie Kluck Paris rechts liegenläßt, als ob es gar nicht existiert. Aber so sind diese geadelten Bürgerlichen. Überehrgeizig. Keine Disziplin, keine preußische Selbstzucht! Wollen den Krieg allein gewinnen. Wenn sie ihn damit nur nicht eines Tages verlieren!

Und der Führer der 3. sächsischen Armee, Generaloberst v. Hausen, hat auch zu klagen.

HAUSEN So, jetzt darf ich mir mal wieder aussuchen, wer meine Hilfe dringender braucht, die 2. Armee rechts oder die 4. links. Wir Sachsen sind in diesem Feldzug, scheint's, Mädchen für alles. Überall für die anderen aufräumen, niemals selbst eine Schlacht schlagen! Manchmal komm' ich mir direkt vor wie ein Mann auf der Folterbank: Ständig renkt mir Bülow den rechten Arm aus und der Herzog Albrecht von Württemberg den linken. Wenn das so weitergeht, bricht mir noch meine ganze Armee in der Mitte auseinander. Wird wirklich Zeit, daß ich meine Schäfchen wieder sammle. Als erstes werden wir jetzt mal einen Ruhetag für die 3. Armee einlegen.

Daß die deutsche 1. Armee am 3. September Paris seitlich liegenläßt und mit ihrer Masse nach Südosten, zur Verfolgung der weichenden Briten und Franzosen, abschwenkt, geht zwar auf einen selbständigen Entschluß ihres Befehlshabers, des Generalobersten v. Kluck, zurück, liegt aber, wenn auch unbewußt, ganz auf der neuen operativen Linie Moltkes, Paris – anders, als es Graf Schlieffen vorgesehen hatte – seitlich zu vernachlässigen und nicht in das große »Cannae« einzubeziehen. Nur, Kluck soll nicht Lanrezac verfolgen, sondern den rechten deutschen Flügel gegen Paris abschirmen! Denn in der Nacht vom 2. zum 3. September hat sich folgende Szene im kärglich eingerichteten deutschen Hauptquartier zwischen Generaloberst v. Moltke und seinen beiden Führungsgehilfen Tappen und Oberstleutnant Hentsch abgespielt:

MOLTKE *(dreht den blakenden Docht einer Petroleumlampe niedriger)*
Machen wir uns doch nichts vor, meine Herren: Wir haben Erfolge gehabt, aber wir haben noch nicht gesiegt! Sieg, wirklicher Sieg, das heißt Vernichtung der Widerstandskraft des Feindes. Wenn sich Millionenheere gegenüberstehen, dann muß der Sieger Gefangene machen. Wo sind unsere Gefangenen? Einige zwanzigtausend in der Lothringer Schlacht, da noch zehntausend und dort vielleicht zwanzigtausend. Auch die Zahl der Beutegeschütze – nicht der Rede wert. Alles zeigt, daß die Franzosen sich planmäßig und in Ordnung zurückziehen. Das Schwerste steht uns noch bevor.

HENTSCH *(leicht sächselnd, stimmt zu)*
Und zwar kommt die Gefahr ganz deutlich aus der offenen rechten Flanke, Exzellenz, aus der Gegend Paris. Es gibt Gerüchte über neue englische Landungen. Sogar von einem russischen Hilfskorps an der Westfront ist die Rede. Das mögen wirklich nur Gerüchte sein. Aber der hektische militärische Eisenbahnverkehr

der Franzosen von Ost nach West ist vielfältig bezeugt. Und ebenso wissen wir jetzt genau, daß die neu formierte französische 6. Armee von Amiens nach Paris verlegt. Bei Paris braut sich etwas zusammen.

TAPPEN *(erläutert an der Karte)*
Ja, es ist ganz deutlich. Während Kluck seitlich versetzt hinter Lanrezac herjagt, immer einen halben oder ganzen Tagesmarsch zurück, wird er selber gejagt. Hinter ihm marschiert, ebenfalls seitlich versetzt und ebenfalls einen oder eineinhalb Tagesmärsche zurück, die französische 6. Armee. Eine kleine Armee, hauptsächlich Reservisten; aber immerhin, nach unseren Informationen, das Äquivalent von drei oder vier Korps! Kluck hat als Flankenschutz nur ein einziges Reservekorps vor Paris zurückgelassen. Wenn er nicht mit seiner ganzen Armee den Flankenschutz des Heeres wieder übernimmt, kann er eine böse Überraschung erleben.

MOLTKE *(rafft sich auf)*
Es ist ganz klar, Kluck muß zurückgepfiffen werden. Ordonnanzoffizier!

Ein Ordonnanzoffizier wird gerufen und nimmt im Stehen das Diktat des Generalobersten auf, der nun eine Weisung an seinen nördlichen Heeresflügel erläßt. Dieser Weisung zufolge soll der Feind von Paris »nach Südosten« abgedrängt werden, wobei die 1. Armee des Generalobersten v. Kluck »gestaffelt« der 2. Armee Bülows folgen und den »Flankenschutz des Heeres« gegen Paris übernehmen soll. Eine fundamentale Änderung der bisherigen operativen Idee; dazu noch in sich kompliziert, wenn nicht gar widersprüchlich.

Im Laufe des 3. September trifft diese Weisung der Obersten Heeresleitung im Hauptquartier der 1. Armee ein und gibt den Generälen v. Kluck und v. Kuhl allerlei Rätsel auf.

KLUCK *(erregt auf und ab gehend, die Hände auf dem Rücken)*
Was sagen Sie dazu, Kuhl? Wenn das nicht wieder echt Moltke ist. Wir sollen gestaffelt der 2. Armee folgen? Ja, weiß man denn in Luxemburg überhaupt nicht mehr, wo wir stehen? Wenn wir uns hinter der alten Trantüte Bülow staffeln sollen, müßten wir jetzt zwei Ruhetage einlegen: einen, um uns einholen zu lassen, und dann noch einen, um hinter ihm zu bleiben. Und erst am dritten Tag dürften wir dann schön gehorsam hinter Bülow hertrotten! Aber die große operative Absicht, den Gegner von Paris nach Südosten abzudrängen, die wäre dann restlos im Eimer, weil die Engländer und die Franzmänner diese Gnadenfrist natürlich ausnützen würden. *(Bleibt am Kartentisch stehen, auf den er mit der Faust schlägt:)* Irrsinn!

KUHL *(lacht gutmütig und besänftigend)*
Die Ruhetage könnte die Truppe gut gebrauchen . . .

KLUCK *(unverändert heftig)*
Weiß ich, Kuhl, weiß ich doch. Aber wir sind nun mal nicht hier, um es der Truppe bequem zu machen, nicht wahr? Wir sind hier, um den Krieg zu gewinnen. An der Truppe wird's schon nicht fehlen. Frage ist nur: Wie kommen wir um diese blödsinnige Weisung herum? Ist zwar

nur eine Weisung und kein Befehl. Aber immerhin eine Weisung von höchster Stelle.

KUHL *(studiert die Depesche noch einmal)*
Man könnte sagen: Die Weisung ist widerspruchsvoll. Wir sollen Bülow gestaffelt folgen, aber zugleich soll der Feind von Paris abgedrängt werden. Beides zusammen geht nicht; denn nur wir stehen so weit vorwärts, daß wir den Feind abdrängen können. Halten wir uns einfach an diesen Teil der Weisung!

KLUCK *(lacht laut auf)*
Glänzend, Kuhl, glänzend. Sie wissen doch immer einen Kniff, Sie sind ein Mordskerl! Na ja, die Generalstabsschule ... Auf solche Advokatenkniffe kommen wir einfachen Troupiers eben nicht.

KUHL Soll ich eine entsprechende Antwort für Luxemburg aufsetzen?

KLUCK *(barsch)*
Am besten, wir antworten überhaupt nicht. Schicken Sie einfach Mitteilung vom heutigen Armeebefehl, dann werden die schon sehen.

KUHL Und der Befehl lautet?

KLUCK *(nach kurzem Nachdenken)*
Die 1. Armee überschreitet heute die Marne bei Chateau-Thierry und westlich!

Während Generaloberst v. Kluck seiner 1. Armee die Sporen gibt und fest entschlossen ist, Briten und Franzosen in rastloser Verfolgung südöstlich von Paris zu packen, quält sich der Chef der deutschen Obersten Heeresleitung, v. Moltke, der von diesen Vorgängen an der Front vor Paris nichts ahnt, mit den übergreifenden Sorgen des Zweifrontenkrieges, den er nach West und Ost zu führen hat. Zwar, der glänzende Einkreisungssieg Hindenburgs und Ludendorffs in Ostpreußen, bei Tannenberg, hat etwas Luft gemacht; aber aus Galizien, von der Front der Österreicher gegen die Russen, kommen die Hiobsbotschaften am laufenden Band. So schreibt Moltke am Abend des 3. September sorgenschwer an seine Frau: »Heute ist nichts Neues vorgefallen. Mit den Österreichern geht es schlecht, und wir können ihnen zur Zeit nicht helfen, müssen Gott danken, wenn *wir* mit unseren Gegnern fertig werden . . .«

Am nächsten Tag, Freitag, 4. September, findet erneut eine Besprechung zu dritt bei Generaloberst v. Moltke statt.

MOLTKE *(mit einem Telegramm in der Hand)*
Ich kann die Meldung von Kluck einfach nicht verstehen. Hat er denn meine Weisung nicht bekommen?

TAPPEN *(macht ein skeptisches Gesicht)*
Denkbar wär's. Bei diesen Kommunikationsverhältnissen! Telefonieren kann man überhaupt nicht mehr, und Telegramme brauchen jetzt gut und gern 24 Stunden. Der Deibel soll's holen! Und Funk – dolle Erfindung, aber verdammt störanfällig. Der Eiffelturm überlagert alles. Meistens kriegen wir die französischen Meldungen vor den eigenen.

MOLTKE *(reißt sich zusammen, energisch)*
Jedenfalls müssen wir jetzt mit Kluck deutlich werden! Es geht nicht so weiter. Die Pariser Armee steht ja schon fast in seinem Rücken.

TAPPEN *(lächelt)*
Wird nicht leicht sein, dem alten Draufgänger beizubringen, daß er jetzt zurück muß.

MOLTKE *(seufzt)*
Ja, mit einem Armeeführer muß man reden wie mit einem kleinen Kinde. Alte Stabsweisheit. Wir werden ihm die Lage haarklein erklären müssen. Am besten machen Sie das, Hentsch. Nein, warten Sie. Ich diktiere es selbst. Hören Sie gut zu und verbessern Sie mich, wenn etwas nicht sonnenklar ist. Ordonnanzoffizier!

Ein junger Ordonnanzoffizier kommt herein und schreibt nach Diktat. Generaloberst v. Moltke geht in dem engen Raum langsam auf und ab.

MOLTKE *(diktiert)*
»Der Gegner hat sich dem umfassend angesetzten Angriff der 1. und 2. Armee entzogen und den Anschluß nach Paris erreicht. Ein Abdrängen des gesamten französischen Heeres in südöstlicher Richtung ist somit nicht mehr möglich.« Haben Sie das? »Ist nicht mehr möglich! Es muß – vielmehr – damit gerechnet werden, daß der Feind zum Schutze der Hauptstadt stärkere Kräfte in der Gegend von Paris zusammenzieht« – nein, warten Sie! Fügen Sie ein: »zum Schutze der Hauptstadt und zur Bedrohung der rechten deutschen Heeresflanke« (*beiseite zu Tappen und Hentsch:* Man kann bei Kluck und Kuhl nicht deutlich genug sein!, *diktiert wieder*): Haben Sie? »Zum Schutze der Hauptstadt *und (betont)* zur Bedrohung der rechten deutschen Heeresflanke stärkere Kräfte in der Gegend von Paris zusam-

menzieht.« Punkt. Nein, noch kein Punkt: »Zusammenzieht und Neubildungen heranführt.« Punkt. *(Mit erhobener Stimme)* »Die 1. und 2. Armee müssen daher gegenüber der Ostfront von Paris verbleiben!« *(zu Tappen und Hentsch)* Das dürfte ja wohl unmißverständlich sein. Nein, ich mache es noch deutlicher *(diktiert wieder)* »Ihre Aufgabe ist es, feindlichen Unternehmungen aus der Gegend von Paris offensiv entgegenzutreten.«
So. Jetzt gibt es für Kluck kein Ausweichen mehr. Deutlicher geht's nicht, oder? *(Sieht seine Mitarbeiter fragend an)*

TAPPEN UND HENTSCH *(unisono, Haltung annehmend)* Absolut nicht, Exzellenz.

Nein, deutlicher geht es wirklich nicht. Da hat der General v. Moltke schon recht. Aber womit er dann doch nicht gerechnet hat, das ist Klucks Reaktion. Der eigenwillige Armeeführer denkt gar nicht daran, sich widerspruchslos zu fügen, seine Verfolgung abzubrechen. Und am Morgen des schicksalschweren 5. September hat man im deutschen Hauptquartier seine entsprechende Antwort in der Hand. Generaloberst v. Moltke und Oberstleutnant Hentsch sind gerade bei der Lagebesprechung, als Tappen aufgeregt eintritt.

TAPPEN *(mit dem Telegramm in der Hand)* Eine solche Unverschämtheit ist noch nicht dagewesen!

MOLTKE Was gibt's denn?

TAPPEN Kluck mal wieder.

MOLTKE Ja, was meldet er denn?

TAPPEN *(liest mit empörter Stimme)*
Halte Verschiebung 1. und 2. Armee zur Zeit für minder günstig. Schlage vor: Verfolgung bis zur Seine und dann Einschließung von Paris.

MOLTKE *(seufzt, lächelt)*
O sancta simplicitas!

TAPPEN *(aufgebracht)*
Aber, Exzellenz, der will nicht parieren! Meines Erachtens gibt's hier nur eins: Durchgreifen! Absetzen!

MOLTKE *(winkt resigniert ab)*
Ach, Tappen, Durchgreifen und Absetzen – da hätten wir viel zu tun. Der alte Kluck ist ein Dickkopf; aber er ist einer unserer besten Truppenführer. Und Kuhl, der ihm das natürlich eingeblasen hat, ist ein sehr fähiger Mann; vielleicht das beste Pferd im Stall nach Ludendorff. Wir können nicht unsere besten Pferde abschlachten, weil sie mal einen Rappel kriegen. Generäle sind so. Vielleicht müssen sie so sein . . .

TAPPEN *(noch mit seiner Erregung kämpfend)*
Exzellenz sind zu nachsichtig.

MOLTKE Ich muß mit den Leuten arbeiten, die ich habe, und ich muß sie nehmen, wie sie sind. – *(nach einigem Nachdenken)* Hentsch!

HENTSCH Zu Befehl, Exzellenz!

MOLTKE Sie fahren zu Kluck. Heute noch. Nichts von

Absetzen, keine Drohungen. Im Gegenteil, gehen Sie dem alten Herrn um den Bart, loben Sie die großen Leistungen der 1. Armee. Das hört er immer gern, und das können Sie ja mit gutem Gewissen tun. Im übrigen unterbreiten Sie das ganze Material über die neuen französischen Aufstellungen bei Paris. Reden Sie mit Kuhl; der ist doch vernünftigen Argumenten zugänglich. Heute abend muß ich Meldung haben, daß Kluck zurückgeht und Front gegen Paris nimmt.

HENTSCH Zu Befehl, Exzellenz. Aber wollen Exzellenz nicht lieber selbst . . .

MOLTKE *(winkt traurig ab)*
Ach, Hentsch, wo denken Sie hin? Schließlich habe ich hier *zwei* Fronten auf dem Hals! Ich kann nicht einen ganzen Tag an eine einzelne Armee aufwenden. Und was meinen Sie, was hier für Intrigen losgehen, wenn ich den Rücken kehre?! Und all die hohen Herrschaften, die ich sehen muß . . . Wartet da nicht schon wieder einer? *(sieht nach der Uhr)*

TAPPEN *(ironisch)*
Direktor Helfferich von der Deutschen Bank. Wartet schon eine Viertelstunde. Will wissen, ob noch eine zweite Kriegs*anleihe* nötig ist oder ob es schon Zeit ist, sich um die Kriegs*entschädigung* zu kümmern.

MOLTKE *(schüttelt den Kopf)*
. . . nicht zu fassen! Ja, die Zivilisten, die haben alle den Krieg schon gewonnen . . .

Hentsch, Sie bringen Kluck zur Raison. *(plötzliche Wärme)* Ich weiß schon, daß Sie so was gut machen. *(Händedruck)*

Tappen und Hentsch verlassen den Raum. Generaloberst v. Moltke wirft noch einen Blick auf die Lagekarte, dann begrüßt er höflich den eintretenden Direktor Helfferich, der ihm emphatisch zu den Erfolgen der deutschen Truppen gratulieren will.

MOLTKE *(unterbricht ihn und sagt sehr ernst)* Ja, ja. Unsere Vortruppen stehen 50 Kilometer vor Paris. Aber wir haben bei unseren Armeen fast kein Pferd mehr, das noch eine andere Gangart als Schritt gehen kann!

Inzwischen ist Oberstleutnant Hentsch den ganzen Tag unterwegs und hat allergrößte Mühe, die vorwärts stürmende 1. Armee einzuholen, die an diesem Tag schon wieder 40 Kilometer weiter nach Süden, von Paris wegmarschiert ist. Erst am Abend des 5. September trifft er in ihrem Hauptquartier ein und hat eine Unterredung mit Generalmajor v. Kuhl.

Die beiden Offiziere begrüßen sich freundschaftlich, geradezu kollegial. Die ganze Gesprächsatmosphäre ist sehr gelockert: »Stäbler unter sich«. Hentsch spricht mit der leichten sächsischen Färbung des gebildeten Dresdners (nicht Leipzigers), nur in besonders gemütlichen oder besonders erregten Augenblicken schlägt das Sächsische stärker durch. Kuhl ist ein gebildeter Preuße, der in solchen Augenblicken eher ein bißchen berlinert.

HENTSCH Kinder, wo seid Ihr denn hingelaufen?! Ich bin den ganzen Nachmittag auf der Suche nach Ihnen herumgeirrt. Ich dachte, Sie wären noch viel weiter nördlich. Statt dessen sind Sie schon auf halbem Wege zur Seine.

KUHL *(lächelt)*
Ja, mein Lieber, wir sind Schnell-Läufer. Der arme Bülow ist jetzt zwei volle Tage hinter uns zurück!

HENTSCH *(verhält sich diplomatisch)*
Ja, in Luxemburg sind wir auch alle sehr stolz auf die 1. Armee. Doch, doch! Der Chef hat mir ausdrücklich befohlen, das auszurichten. Ich glaube, solche Marschleistungen hat es seit dem seligen Hannibal nicht mehr gegeben. Aber Sie bringen mit Ihren stolzen Marschleistungen leider Moltkes ganze Strategie durcheinander! Es hilft nichts, es tut uns allen furchtbar leid, aber Sie müssen zurück!

KUHL *(lacht)*
Ja, natürlich, aber nicht zu schnell, nicht wahr? Erst müssen wir noch mindestens bis an die Seine! Wir sind doch die einzigen, die den Lanrezac auf Trab halten! Wenn wir loslassen, kann er sich setzen und sogar wieder angreifen, wie bei Saint-Quentin. Und was meinen Sie, wie Bülow dann wieder rechts und links nach Hilfe jammern wird!

HENTSCH *(wird jetzt ganz ernst, gibt sich aber nach wie vor – eingedenk der Moltke'schen Weisungen – sehr kameradschaftlich und herzlich)*
Aber, Herr General, Sie wissen nicht, wovon Sie reden. Hier, sehen Sie sich das an! Und das. *(Gibt ihm einige Blätter mit neuesten Meldungen; dann weiter, während Kuhl liest.)* Sie haben es längst nicht mehr nur mit Lanrezac zu tun. Bei Paris braut sich was Dolles

zusammen! Und die 1. Armee marschiert immer weiter davon weg. Das geht auf die Dauer nicht!

KUHL *(der die Depeschen flüchtig durchgelesen hat, lacht)*
Ach, das Gespenst von Paris! Vor Gespenstern haben wir keine Angst. Ehe es nicht Fleisch und Blut annimmt, nehmen wir es nicht tragisch. Übrigens haben wir ja das IV. Reservekorps nördlich der Marne mit Front Paris stehenlassen. Da habt Ihr Eure hochverehrte Rückwärtsstaffel! Es wird sicher reichen.

HENTSCH *(nun doch dringlicher werdend)*
Nein, Herr General, glauben Sie mir doch, es wird nicht reichen! Nach unseren Berechnungen wird Joffre bis Dienstag nicht *ein* Korps bei Paris haben, sondern mindestens drei, wenn nicht vier. Und weiß Gott, was er noch alles heranführt, wovon wir noch nichts wissen!

KUHL *(ärgerlich)*
Dann müßt Ihr eben auch etwas heranführen. Herrgott, laßt Ihr Brüder Euch doch auch mal etwas einfallen! Wo nimmt denn Joffre seine Pariser Armee her? Kann doch nur von anderen Armeen kommen, aus Lothringen oder sonstwo. Also zieht doch gefälligst auch was aus Lothringen ab. Und verderbt uns unseren Sieg nicht!

HENTSCH *(zuckt die Schultern)*
Woher nehmen und nicht stehlen? Unsere Gesamtlage ist längst nicht so rosig, wie Sie zu

denken scheinen. Unsere Armee in Lothringen sitzt fest, und das Zentrum kommt auch nicht recht voran. Die schreien doch selber ständig nach Verstärkungen!

KUHL *(wird nachdenklich)*
Ja, wenn es *so* steht . . . *(kurzes Schweigen)*

HENTSCH *(erkennt seine Chance und stößt nach)*
Nein, es hilft wirklich nichts. Sie müssen es einsehen. Herr General, Sie müssen hier weg. Und zwar nicht nach Süden, sondern nach Norden!

KUHL *(enttäuscht sinnierend)*
Ja, natürlich, wenn es so steht . . . Ihr könnt wirklich nichts in Lothringen frei machen? Oder im Zentrum? Oder aus der Heimat? Nichts?

HENTSCH *(schüttelt freundlich den Kopf)*
Nichts. Sie sind nun mal der äußerste rechte Flügel. Das wissen Sie doch. Und *unser* rechter Flügel wird jetzt eben dort gebraucht, wo Joffre *seinen* neuen linken aufbaut. Also vor Paris. Ist doch sonnenklar. Hilft doch alles nichts . . .

KUHL Ja, dann hilft es wohl wirklich nichts. Aber machen Sie das mal unserem Befehlshaber klar! Wird ein hartes Stück Arbeit werden. Ich werd's versuchen. Aber ich brauche ein bißchen Zeit.

HENTSCH *(erleichtert)*
Ja, machen Sie's in aller Ruhe. Noch ist ja

nichts passiert. Ein bißchen Zeit haben wir ja Gott sei Dank noch.

Im letzten Punkt irrt der Oberstleutnant Hentsch. Zeit ist genau das, was die Deutschen jetzt nicht mehr haben. In den beiden Tagen, in denen Kluck immer weiter nach Süden marschiert ist und Moltke mit seinen Weisungen hinterherhinkte, hat sich bei den Franzosen ein Drama abgespielt, das alles verändert.

Begeben wir uns jetzt wieder auf die französische Seite, und gehen wir zwei Tage zurück, bis zum Donnerstag, dem 3. September. Beschäftigen wir uns mit dem Mann, der an diesem einen Tag Frankreichs Mann des Schicksals war: General Gallieni, seit einer Woche Militärgouverneur von Paris.

Gallieni ist hager, alt, mit ausgemergeltem Gesicht, einem weißen Nietzsche-Schnurrbart und strengen Augen hinter einem Kneifer. In Augenblicken der Leidenschaft funkeln diese Augen dämonisch, furchteinflößend und inspirierend. Wenn er spricht, wirkt es rhetorisch und leidenschaftlich, manchmal bis zur Grenze des unfreiwillig Komischen: ein krähender gallischer Hahn. Dennoch hinterläßt er schließlich einen imponierenden, fesselnden, ja hinreißenden Eindruck.

GALLIENI *(macht aus seinem Herzen keine Mördergrube. Er argumentiert so)*
Ich bin General Gallieni. Ich bin der Mann, der Paris gerettet hat und der Frankreich gerettet hat – auch wenn ich es selbst sage. Wer soll es sonst sagen?

Seit einer Woche bin ich Militärgouverneur von Paris. Seit einer Woche – also genau seit der Zeit, als es für alle feststand, daß Paris verloren war. Ja, Paris war verloren! Ich hätte es nicht retten können. Ich hätte den Posten gar nicht annehmen sollen. Aber was wollen Sie? Der Ruf der Ehre . . .

Am 26. August ließ mich Kriegsminister Messimy zu sich kommen.

MESSIMY General, Sie wissen, was geschehen ist?

GALLIENI Ja, ich weiß. Joffres Narrenoffensive ist gescheitert. Ich habe es immer gewußt. Auch Sie haben es immer gewußt.

MESSIMY Nicht nur das. Auch Lanrezac hat zurückgemußt. Auch die Engländer. Die Deutschen sind mit drei Armeen über die Maas. Sie strömen direkt auf uns zu. In sieben Tagen werden sie vor Paris sein. Sie, General, sind unsere letzte Hoffnung. Sie müssen Paris verteidigen!

GALLIENI *(schneidend)*
Womit soll ich es verteidigen? Sie wissen sehr gut, was hier in Paris steht. *Eine* gute Kolonialdivision und ein bißchen Landwehr. Damit soll ich *drei* deutsche Armeen aufhalten?

MESSIMY Paris ist immerhin eine starke Festung!

GALLIENI *(überlegen)*
Monsieur le ministre, es gibt keine starken Festungen mehr. Lüttich war eine starke Festung. Namur war eine starke Festung. Wie lange haben sie gehalten? Wir haben nicht mehr 1870. Die überschwere deutsche Belage-

rungsartillerie – genug, ich brauche Ihnen nichts zu sagen. Paris kann nur im offenen Felde verteidigt werden, und das erfordert eine Armee. Geben Sie mir eine Armee! Ja, geben Sie mir auch nur drei gute aktive Korps! Unter dieser Bedingung können Sie auf mich zählen.

Kriegsminister Messimy eilt auf Gallieni zu, küßt ihn, unter ständigem Händeschütteln, mehrmals auf beide Wangen. Gallieni bleibt eher kalt und abwehrend, während der Minister regelrecht vor ihm tanzt.

GALLIENI *(entzieht sich der ministeriellen Umarmung)* Verstehen Sie mich richtig, Herr Minister! Unter dieser Bedingung! Sonst nicht!

MESSIMY Ich werde dafür sorgen, daß Sie Ihre drei Korps bekommen. Ich werde Joffre einen Befehl schicken.

GALLIENI *(lacht trocken auf)* Joffre einen Befehl! Wenn die Regierung Joffre einen Befehl schickt, wird das allein Grund genug für ihn sein, keinen Mann zu schicken. Sie kennen doch Joffre. »Keine Einmischung von Zivilisten in militärische Operationen!«

MESSIMY Aber Paris! Es geht um Paris! Joffre kann doch Paris nicht opfern!

GALLIENI *(geringschätzig)* Sie kennen doch Joffre. Ein Techniker, ein Pionier. Alles nach Plan, alles nach Schema. Paris ist für ihn eine Stadt wie jede andere; ein Punkt auf der Landkarte, weiter nichts.

MESSIMY Aber Sie, General, Sie wissen, was Paris ist! Sie werden Paris nicht im Stich lassen! Sie haben gesagt, ich kann auf Sie zählen!

GALLIENI *(unnachgiebig)*
Unter *einer* Bedingung, Herr Minister.

MESSIMY *(verabschiedet sich von Gallieni mit übertriebenem Händeschütteln)*
Die Bedingung wird erfüllt werden, General. Dafür werde ich sorgen!

GALLIENI *(sarkastisch)*
»Dafür werde ich sorgen.« – Der arme Messimy, er konnte für sich selbst nicht sorgen. Am nächsten Tag war er abgelöst, nicht mehr Minister; Sündenbock für Joffres Niederlagen. Politik, ein schmutziges Handwerk. Politiker, windige Burschen. Na, ja . . .

Jeden Tag habe ich meine drei Korps angemahnt. Fünf Tage lang nichts. Schreckliche Tage. Schweigen wir davon. Drei aktive Korps habe ich auch dann nicht bekommen können. Niemals! Aber immerhin eine kleine halbe Armee, eine halbe Reservearmee, die 6. unter Maunoury. Braver Mann, dieser Maunoury; später blind geschossen worden.

Meine 6. Armee war einen guten Tagesmarsch hinter den Deutschen. Und ob meine Reservisten so gut marschieren konnten wie die Deutschen, das war auch noch die Frage. Bei uns, müssen Sie wissen, galten Reservisten nicht viel. Reservisten, das sind junge Familienväter. Sie essen gut, sie schlafen gut, sie trinken ihren guten Rotwein, sie lieben ihre Frauen und Babys und setzen ein bißchen Speck an. Und plötzlich sollen sie 40 Kilometer am Tag marschieren, mit 60 Kilo Gepäck auf dem Buckel. – Und dann kämpfen – kämpfen gegen die besten Soldaten der Welt! *(Nimmt seinen Kneifer ab und putzt ihn blank.)*

Ich muß ihnen etwas abbitten, meinen Reservisten. Sie haben am Ourcq wie die Löwen gekämpft, und da liegen sie jetzt. Tausende von ihnen, die guten dicken Jungen, in derselben französischen Erde wie ihre furchtbaren Feinde. *(Er bricht plötzlich in Tränen aus, reißt sich ganz schnell zusammen und wird sehr grimmig.)*
2. September. Die 6. Armee immer noch zwei Tagesmärsche weit weg, aber die deutschen Kavalleriespitzen schon vor Paris. Und jetzt haben unsere Politiker die Hosen voll, die Maulhelden! Ich werde vor's Kabinett zitiert. Ich wußte gleich, wozu. Die wollten meinen Segen, sich davonzumachen, nach Bordeaux, an die schöne Garonne. Ich war froh, sie loszuwerden! Ich sagte ihnen: Sie sollten sich meiner Meinung nach darauf vorbereiten, Paris so schnell wie möglich zu verlassen.

Und da hätten Sie einmal den Minister Guesde hören sollen! Schreit mich an, als ob ich eine Volksversammlung wäre *(macht Guesde nach):* »Sie wollen also dem Feind die Tore öffnen! Sie sagen, die Armee kann Paris nicht verteidigen! Dazu haben wir also unsere teuren reak-

tionären Generäle! Ich will Ihnen sagen, was geschehen wird, wenn die Deutschen einmarschieren.
Dann wird in den Arbeitervierteln aus jedem Fenster geschossen werden! Und was dann passiert, das will ich Ihnen auch sagen: Massenexekutionen. Und Paris wird eingeäschert werden.«

Ich habe nichts geantwortet. Was soll man auf solchen Blödsinn antworten? Dem Präsidenten Poincaré war die Sache offenbar peinlich. *(macht Poincaré nach)* »Herr Minister für Arbeit und öffentliche Bauten, ich habe Ihnen das Wort nicht erteilt.« Dann haben sie mich gehen lassen. Und am Abend wurde ich wieder zum Kriegsminister zitiert, dem neuen. Er war, wenn ich mir ein Urteil erlauben darf, noch schlechter als der alte. Ein richtiger Heimkrieger. Ein Maulheld: Millerand.

MILLERAND *(pathetisch)*
General, die Regierung hat beschlossen, die Hauptstadt zu verlassen. Ihnen hinterlassen wir den Auftrag, Paris bis zum Äußersten zu verteidigen.

GALLIENI *(ganz kalt)*
Herr Minister, ich hatte bereits die Ehre, der Regierung zu erklären, daß Paris nicht verteidigt werden kann. Nur eine Feldarmee außerhalb des Stadtgürtels kann Paris verteidigen. Wollen Sie mir also den Auftrag, Paris bis zum Äußersten zu verteidigen, bitte näher erläutern?

MILLERAND (*wird immer hektischer*)
Da ist nichts zu erläutern! Bis zum Äußersten heißt Fort für Fort, Straße für Straße, Haus für Haus, bis zum letzten Mann!

GALLIENI (*dezidiert*)
Sie wissen, Herr Minister, was das bedeutet. Es beinhaltet außerordentlich schwerwiegende Maßnahmen. Ich müßte sämtliche Brücken sprengen, auch den Pont Neuf, auch den Pont de la Concorde. Auch Monumente würden zerstört werden. Ich könnte für den Louvre keine Garantie übernehmen. Auch nicht für Notre-Dame. Vom Schicksal der Zivilbevölkerung rede ich nicht.

MILLERAND (*pathetisch*)
Bis zum Äußersten!

GALLIENI (*verächtlich*)
Und dann fuhr er natürlich schnell zum Bahnhof! Ich bin am nächsten Tag, Donnerstag, 3. September, zu Maunoury gefahren, nach Trembly. Schreckliche Fahrt. Flüchtlingszüge. Verlassene Dörfer. Trauriger Eindruck von der 6. Armee. Halbtote Männer. Marschieren nicht mehr im Tritt, stolpern nur noch im Halbschlaf vor sich hin, staubbedeckt, stumpf. Und traurige Nachricht, die ich Maunoury bringe: Seine Armee darf nicht mehr nach Paris hinein. Wie sie sich auf Paris gefreut hatten! Einmal ins Quartier, einmal sich satt essen, sich waschen, sich ausschlafen! Nein, nein, nein, geht nicht. Die 6. muß gleich aus dem Marsch in den Kampf, von der einen Folterbank auf die

andere; morgen in die Schützengräben. Die habe ich vorbereiten lassen, immerhin. Letzte Woche ist fleißig geschanzt worden; das denn doch. Gott sei Dank. Maunoury ist einsichtig. Ein braver Mann. Und so zurück nach Paris, in mein Hauptquartier. Nachts kam ich an. Und da stürzt mein Stabschef auf mich zu und schreit ganz hysterisch: »Mon Général, mon Général!« Und als ich frage: »Was gibt's?«, schreit er wieder: »Sie bieten uns die Flanke, sie bieten uns die Flanke!« Und dann zeigt er mir die letzten Meldungen: Tatsächlich, Klucks Erste Armee ist an Paris vorbeimarschiert! Ist schon einen Tagesmarsch von Paris entfernt, Richtung Südosten. Unbegreiflich. Ein wahres Wunder! Sie bieten uns die Flanke ... *(setzt den Kneifer wieder auf und reckt sich)*
Ja, in dieser Nacht ist keiner von uns zu Bett gegangen. In dieser Nacht haben wir die Marneschlacht entworfen! Und am nächsten Tag habe ich Joffre gezwungen, die Marneschlacht zu schlagen. Am Telefon! Ja, die Marneschlacht ist am Telefon geschlagen worden ...

Ist die Marneschlacht wirklich am Telefon geschlagen worden? Am 4. September abends, als Gallieni Joffre anrief? Natürlich, Gallieni behauptet das, um seinen Anteil herauszukehren. Aber auch Winston Churchill schreibt später: »Nach diesem Telefongespräch war die Marneschlacht gewonnen.« Joffre selbst hat sich zu dieser Frage ausgeschwiegen, während sein stellvertretender Stabschef, General Berthelot, dem ruhmsüchtigen Gallieni immer wieder vorgeworfen hat, er habe den Mund zu voll genommen. Untersuchen wir also, was an diesem 4. September im französischen Hauptquartier, das nach Bar-sur-Aube verlegt wurde, vor sich geht.

Am Morgen dieses Tages erfährt man in Joffres Hauptquartier durch einen Anruf Gallienis, daß sich vor Paris, an der Marne, ein Wunder ereignet hat: Die deutsche 1. Armee des Generalobersten v. Kluck marschiert nicht mehr auf Paris, sondern stürmt nach Südosten vor, womit sie der französischen 6. Armee des Generals Maunoury ihre fast ungeschützte Flanke bietet.

Alles ist perplex, und unter den Stabsoffizieren Joffres kommt es zu einer leidenschaftlichen Diskussion, wie man nun reagieren soll. Die Frage lautet: Soll man das »Wunder« benutzen und nun ungesäumt zum Gegenangriff schreiten, nachdem die Deutschen sich selbst eine so unbegreifliche operative Blöße gegeben haben, oder soll man warten, abwarten, und sie immer tiefer in die Falle zwischen Paris und Verdun laufen lassen?

General Berthelot ist derjenige, der für Abwarten plädiert. Er will keinen »ordinären« Sieg erfechten und die Deutschen einfach zurückwerfen. Damit sei gar nichts entschieden, sagt er, und der Krieg sei dann noch lange nicht zu Ende. Nein, Berthelot will ein Cannae, ein Tannenberg, eine große Einkreisungsoperation: Er will den gesamten rechten Flügel der deutschen Angriffsfront vernichten! In seinen Augen laufen die Deutschen in eine Katastrophe ohne Beispiel, indem sie immer weiter nach Süden marschieren, immer tiefer in den Sack hinein, der sich zwischen Paris und Verdun bildet. Berthelot will also nicht an der Marne schlagen, sondern 60 Kilometer südlicher, an der Seine.

Berthelot ist eine merkwürdige Erscheinung: ein Mann von zweieinhalb Zentnern, unförmig, mit stechenden Augen in den Gesichtswülsten. Er trägt eine Bauernbluse über den Uniformhosen und statt Stiefeln Pantoffeln an den Füßen. Er spricht mit der ungeduldigen Präzision des Intellektuellen, und sein Gebärden- und Mienenspiel ist ausgesprochen elegant. Er gestikuliert heftig, als er seinen Plan der »zwei Hörner« entwickelt. Diese beiden Hörner sind Paris im Westen und Verdun im Osten. Durch sie müssen die Deutschen hindurch.

»Gute Reise«, winkt Berthelot mit seinen Händen, »je mehr, desto besser!« Denn wenn sie schließlich müde und kaputt an der Seine angekommen sind, dann – aber auch erst dann – stoßen die beiden Hörner Berthelots zu! Dann werden die Franzosen die deutschen Armeen westlich Verduns durchstoßen, und der linke Flügel, mit Maunourys 6. Armee und den Briten, wird von Paris aus den rechten deutschen Heeresflügel umgehen. Tableau! Das Ergebnis wird sein, daß sich die beiden Zangenarmeen weit im Rücken der Deutschen, etwa bei Reims, treffen und vier deutsche Armeen mit annähernd 900000 Mann in einem Riesenkessel vernichten.

Nach den Vorstellungen des Generals Berthelot, die am Vormittag des 4. September auch noch die Joffres sind, muß man also noch fünf bis sechs Tage die Nerven behalten, sich »an das Seil zurückfallen lassen«, um dann mit geballter Kraft zur umfassenden Gegenoffensive zu schreiten. Aber der Anruf Gallienis, daß Kluck seine rechte Flanke darbietet, hat nicht nur Joffre nachdenklich gestimmt, sondern Oberst Alexandre auf den Plan gerufen. So kommt es in Gegenwart des Generalissimus zu einer heftigen Diskussion.

ALEXANDRE Frankreich 1914 ist nicht Rußland 1812. Und Sie, mon Général *(er wendet sich an Joffre)*, verzeihen Sie mir, Sie sind nicht Kutusow. Der Brand von Paris wäre nicht dasselbe wie der Brand von Moskau. Paris ist etwas Unersetzliches! Wenn wir eine Chance haben, Paris zu retten und ein großes Stück Frankreich vor der Invasion zu bewahren, sollten wir sie wahrnehmen. Und mir scheint, was Gallieni zu melden hat, gibt uns diese Chance.

BERTHELOT *(unwillig)*
Sentimentalitäten, Alexandre. Krieg ist Krieg. Es kommt nicht darauf an, Gebiete zu bewahren, sondern den Feind zu vernichten!

ALEXANDRE *(nickt)*
Aber das will ja Gallieni gerade! Kluck bietet ihm die Flanke, und das ist eine Chance, die nicht so bald wiederkommt! Gallieni hat ja auch schon gehandelt: Maunoury hat Befehl, nicht nach Paris hineinzumarschieren, sondern östlich vorbei und Front nach Osten zu nehmen. Übermorgen früh kann er in Klucks offene Flanke fallen.

BERTHELOT *(wütend)*
Das ist eine verdammte Eigenmächtigkeit von Gallieni! Typischer Fall: Ein General sieht einen örtlichen Vorteil und denkt, er kann das Oberkommando übernehmen und den Krieg gewinnen. Da gibt's nur eins: sofort zurückpfeifen!

ALEXANDRE Läßt sich Gallieni überhaupt zurückpfeifen? Gallieni ist nicht irgendein General. Als Militärgouverneur von Paris untersteht er dem Kriegsminister direkt. Wenn wir ihn zurückpfeifen, riskieren wir eine Krise.

BERTHELOT *(grimmig)*
Besser eine Krise als eine Niederlage!

ALEXANDRE Muß es denn unbedingt eine Niederlage sein? Zunächst winkt doch mal ein sicherer örtlicher Sieg: Maunoury hat nur ein einziges deutsches Reservekorps vor sich. Das heißt, vor Paris haben wir jetzt sechs Divisionen gegen zwei.

BERTHELOT Und wenn Kluck kehrtmacht? Dann hat Maunoury es mit fünf deutschen Korps zu tun.

ALEXANDRE Moment mal. Wie soll denn Kluck kehrtmachen, wenn wir ihn südlich der Marne mit allem, was wir haben, angreifen?

BERTHELOT *(wirft nun seine Kenntnis der gesamtstrategischen Situation in die Waagschale)* Mit allem, was wir haben ... Daß ich nicht lache! Was haben wir denn, Alexandre? Die Briten? Die sind weit zurück. Die neue 9. Armee? Die ist noch mitten in der Aufstellung. Die 6. Armee Maunourys? Die hat noch nicht alle Korps beisammen. Und die 5. Armee? *(Er zuckt die Schultern.)*
Die arme 5.! Zwei Niederlagen auf dem Buckel und zwölf Tage Rückzug in Gewaltmärschen! Dazu noch der Wechsel ihres Befehlshabers: Lanrezac abgelöst und Franchet d' Esperey dafür eingesetzt ... Sie haben keinen Überblick über die Gesamtlage, Alexandre! Ich schlage vor, die 5. Armee in eine sichere Stellung an der Seine zurückzunehmen. Wenn sie dann steht, mit Ersatz aufgefüllt und neu munitioniert ist, dann ist es Zeit, den Zangenangriff gegen die Deutschen auszulösen! Aber dann nicht nur bei Paris, sondern auch bei Verdun und in der Mitte. Wer angreifen will, muß stark sein! Und er muß ein lohnendes Ziel haben. *(Alles schweigt nachdenklich.)*
Ein Vorstoß aus Paris – was kann der schon bewirken? Wenig Gutes, aber sehr viel Schlechtes! Denn er wird verhindern, daß die Deutschen, siegestrunken, in die große Falle laufen ...
Nein, *(er schüttelt energisch den massigen Kopf)* so wird der große Sieg, der den Krieg

schnell entscheiden kann, verschenkt! Im übrigen: Maunourys 6. besteht ja nur aus Reservisten. Die armen Kerls sind ja halbtot vor Erschöpfung. Und da sollen sie, ohne sich erholen zu können, sofort wieder angreifen?

JOFFRE *(hat die ganze Zeit schweigend, aber sehr aufmerksam zugehört. Jetzt fährt er auf)* Es sind Franzosen! Wenn die Clairons zum Angriff blasen, werden sie angreifen. *(nach einer kurzen Pause)* Berthelot und ich müssen das alles sehr genau besprechen. Die anderen Herren sind entlassen. *(Oberst Alexandre und Major Gamelin, der die ganze Zeit Notizen gemacht hat, verlassen den Raum.)* Vor allen Dingen, Berthelot, müssen wir wissen, wie der Zustand der Armeen ist. Telegraphieren wir an die 5. und an die 9. *(diktiert langsam, Wort für Wort):* »Umstände lassen erwägen, daß ein Angriff gegen Erste, Zweite und Dritte deutsche Armee am 6. oder 7. September zusammen mit englischer Armee und beweglichen Kräften von Paris vorteilhaft sein könnte. Ersuche mitzuteilen, ob Ihre Armee fähig ist, zu diesem Zeitpunkt die Offensive wiederaufzunehmen. Telegraphische Antwort noch heute.«

General Joffre geht nachdenklich auf und ab, während Berthelot schweigend schreibt. Ein Ordonnanzoffizier stürzt mit einer Depesche herein, die er dem Generalissimus aushändigt.

JOFFRE *(liest und sagt dann zu Berthelot)* Von Gallieni. Maunoury ist bereits wieder mit seiner 6. auf dem Marsch zur Front. Er kann am Sonntag nördlich der Marne oder am Montag südlich der Marne angreifen. Zu den Engländern will Gallieni heute persönlich fahren.

BERTHELOT *(knurrt gereizt)*
Er tut schon ganz so, als ob er den Oberbefehl hätte.

JOFFRE *(geht darauf überhaupt nicht ein)*
So, das wär's. Die Telegramme müssen sofort hinaus.

Während General Berthelot die Depeschen einem Ordonnanzoffizier aushändigt, nimmt sich Joffre einen Stuhl, setzt sich rittlings darauf und starrt scheinbar abwesend vor sich hin. Berthelot beobachtet ihn unauffällig aus dem Hintergrund. Nach einer Weile steht Joffre auf, nimmt den Stuhl in die Hand und geht auf den Schulhof hinaus, auf dem greller Sonnenschein liegt. In der Mitte des Hofes steht ein einzelner Baum, eine Traueresche, die ein wenig Schatten gibt. Joffre setzt sich rittlings mit seinem Stuhl in den Schatten, stützt das Kinn auf die Faust und brütet regungslos vor sich hin.

So sitzt der französische Generalissimus den ganzen Nachmittag auf dem Schulhof, unter der Traueresche, in furchtbarer Glut. Einmal nimmt er seinen Stuhl und rückt ihn ein paar Schritte in den dünnen Schatten, der weitergewandert ist. Zweimal unterschreibt er Befehle, die ihm Berthelot vorlegt, ohne dabei ein Wort zu sprechen. Er ißt und er trinkt nichts. Berthelot sorgt sich, wie der alte Mann die drückende Hitze aushalten wird. Aus den Klassenfenstern des Erdgeschosses beobachten die Stabsoffiziere ihren Chef.

ALEXANDRE *(tritt zu Major Gamelin ans Fenster)*
Da sitzt er immer noch! Ich möchte jetzt nicht in seiner Haut stecken.

GAMELIN Was er wohl die ganze Zeit zu denken hat? Die

Sache ist doch klar. Im Grunde hat Berthelot recht.

ALEXANDRE Nein, Berthelot hat nicht recht. Klar ist nur eins: Die deutsche 1. Armee hat sich uns jetzt ans Messer geliefert, die können wir jetzt im Rücken fassen! Diesen Zahn können wir den Deutschen ziehen. Was Berthelot vorhat, ist alles Papier. Den ganzen deutschen rechten Flügel einkesseln, mon dieu! Und das alles nächste Woche! In einer Woche kann viel passieren.

GAMELIN Ja, aber wenn Kluck kehrtmacht?

ALEXANDRE *(lebhaft)*
Wenn Kluck kehrtmacht, fassen ihn die Engländer von hinten! Er ist doch in einer Zwickmühle! Das ist ja das Geniale an Gallienis Idee!

GAMELIN Die Engländer! Glauben Sie an die Engländer?

ALEXANDRE Herrgott, Gamelin, Sie sind ein Defätist! Nehmen Sie sich in acht, daß der Chef Sie nicht absetzt, wie gestern den armen Lanrezac.

GAMELIN Lanrezac hat seine Armee zweimal aus einer verzweifelten Klemme gezogen. Er war ein guter Mann!

ALEXANDRE Aber sein ewiger Pessimismus!

GAMELIN *(nach einer Pause)*
Jedenfalls möchte ich jetzt nicht in Joffres Haut

stecken . . . Wie er es macht, ist es falsch. Und er trägt die ganze Verantwortung. Kein anderer.

Nachmittags, gegen 16 Uhr, kommt eine Depesche von Oberst Huguet, den Joffre als Verbindungsoffizier zu den Engländern geschickt hat. Huguet berichtet, daß General Gallieni sich mit Feldmarschall French in Melun getroffen habe. Die Engländer seien bereit, hart südlich der Marne stehenzubleiben und gemeinsam mit der 5. und 6. französischen Armee wieder anzugreifen, wenn es wirklich gewünscht werde.

General Joffre zeigt sich beeindruckt, obwohl an der Meldung – wie sich später herausstellen wird – fast kein wahres Wort ist. Der Wunsch ist bei Huguet der Vater des Telegramms. Verlaß ist dagegen auf General Foch, der etwas später mitteilt, seine 9. Armee (die rechts von der 5., gegenüber der deutschen 3. Armee, aufgestellt wird) sei bereit, zur Offensive überzugehen.

Gegen 18 Uhr verläßt Joffre endlich den Schulhof. Er bespricht sich mit Berthelot, der nach wie vor dafür plädiert, abzuwarten, bis die Deutschen tief »im Sack« stecken. Joffre neigt hingegen dazu, mit allen Kräften am 7. September zur Gegenoffensive zu schreiten, will aber nichts endgültig entscheiden, bevor nicht die Stellungnahme der 5. Armee vorliegt.

Endlich, während des Abendessens, gegen 20 Uhr, kommt die Depesche von General Franchet d'Esperey: »Die 5. Armee kann am Sonntag angreifen, ist allerdings in keiner glänzenden Verfassung.« Joffre sieht sich dadurch in seiner Ansicht bestätigt, erst am Montag, 7. September, anzugreifen, um den Truppen noch zwei Tage zur Auffrischung zu gönnen.

Eine halbe Stunde später, um 20.30 Uhr, läutet das Telefon: Gallieni am Apparat. Es ist jener schicksalhafte Anruf, von dem Gallieni und Churchill später behaupten werden, durch ihn sei die Marneschlacht gewonnen worden. Und was noch niemals geschehen ist, geschieht jetzt: Joffre geht selbst ans Telefon, was er bisher immer strikt abgelehnt hat.

Es wird ein langes Gespräch, dessen genauen Wortlaut niemand kennt. Nur so viel weiß man: Gallieni teilt Joffre mit, daß die 6. Armee Maunourys, verstärkt durch eine weitere Division, am 6. September angreifen wird. Laut Gallieni soll Joffre angeblich erwidert haben: »Einverstanden.«

Jedenfalls, so viel steht fest, gegen 21.30 Uhr versammelt der französische Generalissimus seinen gesamten Stab um sich, der sich in erwartungsvollem Schweigen um ihn gruppiert.

JOFFRE *(sagt mit tonloser Stimme)*
Sind wir vollzählig? –
Meine Herren, wir schlagen übermorgen,
Sonntag, den 6., an der Marne.

Zwischen-
akt

Ziehen wir an diesem Punkte eine Zwischenbilanz. Der 4. September 1914 bezeichnet die Wende des damaligen Kriegsgeschehens.

Genau einen Monat lang, seit dem 4. August, war der Kampf im Westen, in Belgien und Frankreich, nun im Gange. Und man muß sagen: es war ein Monat des deutschen Triumphes! Was Generalfeldmarschall Graf Schlieffen sich vor dem Kriege erdacht hatte, das schien mit einer verblüffenden, geradezu staunenerregenden Präzision zu funktionieren. Die westlichen Gegner waren von den Armeen des nördlichen deutschen Schwenkungsflügels überall besiegt worden, die riesige Drehtür schwang unaufhaltsam herum, und es schien nur noch eine Frage von Tagen zu sein, bis sie mit einem fürchterlichen Knall im Rücken der alliierten Armeen zuschlagen mußte.

Es mutet fast unbegreiflich an, mit welcher intellektuellen Langsamkeit, ja Schwerfälligkeit die französische und britische Führung auf die riesenhafte Umfassungsoperation der Deutschen reagierte. Bis Ende August erkannte General Joffre niemals die tödliche Gefahr, in der sich seine Armeen befanden. Die französische Führung hatte eben vor dem Kriege nicht damit gerechnet, daß die Deutschen in Belgien so weit nördlich ausholen würden – und also durfte es nun auch in der Kriegswirklichkeit nicht so sein. Erst blickte Joffre konzentriert auf das Schlachtgeschehen in Lothringen, in der vergeblichen Hoffnung, die deutsche 6. und 7. Armee zu schlagen, dann unternahm er den fruchtlosen Versuch, im Zentrum, zwischen Sedan und Verdun, der deutschen 4. und 5. Armee das Rückgrat zu brechen –: Und das alles war nichts als ein Ringen an der falschen Front! Es war wirklich vertane Liebesmüh, denn inzwischen schwang die riesige Drehtür des rechten deutschen Heeresflügels unaufhaltsam durch Belgien und weiter, Richtung Paris, tief in Flanke und Rücken der alliierten Armeen. Daß Joffre, French und deren Mitarbeiter so lange »blind« blieben und das drohende Riesen-Cannae, das sich da anbahnte, nicht erkannten (oder erkennen wollten), lag gewiß auch an den staubverwehten Schleiern, welche die deutsche Heereskavallerie wochenlang sehr geschickt vor die Stoßkeile ihrer vorwärts hastenden Armeen zog. Aber im Grunde beruhte der Irrtum doch vor allem auf Unterschätzung des Gegners: Niemand in den alliierten Hauptquartieren hatte eben solche Marsch- und Kampfleistungen für möglich gehalten, wie sie die deutschen Infanteristen im August 1914 erbrachten.

War es auf alliierter Seite eine *Unter*schätzung des Feindes, so war es bei der deutschen Führung umgekehrt eine *Über*schätzung der eigenen Erfolge, die zum Debakel führen mußte. Gewiß, man hatte den Feind überall geschlagen: vom 20. bis 22. August bei Saarburg und Mörchingen (6. und 7. Armee) – am 22. und 23. August bei Neufchâteau und Longwy (4. und 5. Armee) – am 23. und 24. August bei Namur und Mons (1. Armee) – am 24. und 25. August an der Sambre (2. Armee) – bei Le Cateau und bei St.-Quentin in den darauffolgenden Tagen. Es waren alles spektakuläre Siege gewesen, wenn man sie aus der Perspektive des deutschen Frontsoldaten betrachtete: Wo immer er – ausgepumpt von endlosen Gewaltmärschen – auf Briten oder Franzosen getroffen war, er hatte sie geworfen. Aber es waren alles *Frontal*siege gewesen, »ordinaire« Siege, wie Graf Schlieffen sich ausgedrückt hätte. Nirgendwo war es der deutschen Führung gelungen, den Feind zu umfassen oder zu durchbrechen. Man hatte ihn überall zurückgeworfen, aber das hieß ja zugleich, daß er überall noch da war, wenn auch schwer angeschlagen und auf dem Rückzug.

Sicher hatte die deutsche Führung recht, wenn sie von der Grundabsicht ausging, aus dem ständigen *Zurückdrängen* des Gegners zu einer zügigen *Verfolgung* des Feindes überzugehen. Moltke und seine Berater wollten dem Feind durch erbarmungsloses Nachsetzen den Atem wie auch den Nerv rauben. Aber einmal überschätzten sie den Grad der feindlichen Zerrüttung, und andererseits hätten sie dann den verfolgenden deutschen Armeen ständig zusätzliche Kräfte zuführen, mit anderen Worten: sie hätten die Offensivkraft des rechten deutschen Heeresflügels ständig nähren müssen.

Das Gegenteil geschah. Die 6. und 7. Armee, die den Feind bis zum 22. August im Gegenangriff geschlagen hatten und ganz zu Recht

Generalfeldmarschall Alfred Graf von Schlieffen

erwarteten, Verstärkungen an den rechten Flügel abgeben und selber zur Verteidigung übergehen zu müssen, blieben ungeschwächt und erhielten den Befehl, weiter angriffsweise vorzugehen. Die 2. Armee, die am 24./25. August an der Sambre gesiegt hatte, mußte zwei intakte Korps, die gerade bei Namur frei geworden waren, an die Ostfront abgeben, nach Ostpreußen, obwohl dort niemand um Hilfe gebeten hatte.

So wurde die Decke des Kräfteverhältnisses immer kürzer, und das gerade dort, wo nun eine zweite deutsche Angriffsstaffel hätte am Horizont erscheinen müssen: im Norden, am rechten deutschen Angriffsflügel. Die Folge war, daß die Kräfte nicht mehr ausreichten, Paris zu umfassen, wie es Graf Schlieffen in seiner ursprünglichen Planung vorgesehen hatte. Und damit entstand etwas, was nicht hätte entstehen dürfen: das Moment der Flankenbedrohung.

Das war exakt der Punkt, von dem aus sich die Wende Anfang September anbahnte! Die Franzosen, die endlich aus ihrer Selbsttäuschung erwacht waren und nun auf ihren Bahnen unermüdlich Verstärkungen von Süden nach Norden heranschafften, schrien überrascht auf: »Sie bieten uns die Flanke, sie bieten uns die Flanke!«, als sie sahen, daß Klucks 1. Armee im Osten an Paris vorbeimarschierte. Und damit war das ominöse Wort gefallen: »Flanke«.

Zwar, in den letzten Augusttagen hatte die deutsche Oberste Heeresleitung immer noch angestrebt, Paris von Norden zu umfassen. Aber das nicht mehr mit der Masse des deutschen Schwenkungsflügels, sondern nur mit ein paar Korps, so daß im Grunde von »Umfassung« schon kaum noch die Rede sein konnte, sondern eher von einer »Flankensicherung«. Wenig später aber hieß es dann, daß die 2. Armee die Franzosen über die Marne nach Südosten abdrängen, während die 1. Armee den Flankenschutz nach Westen, gegen Paris, übernehmen sollte. Und schließlich gar – als letzte und schärfste Veränderung des ursprünglichen Operationsplanes – hieß es, 1. und 2. Armee sollten die Flanke des Westheeres gegen Paris decken, während nur noch die

3., 4. und 5. Armee nach Südosten im Angriff verbleiben sollten. Als Generaloberst v. Moltke am 4. September diesen Befehl diktierte, war der deutsche Operationsplan, der einen Monat lang Freund wie Feind das Geschehen diktiert hatte, aufgegeben worden. An die Stelle einer weiträumigen Umfassung der linken Flanke des gesamten alliierten Heeres – äußerster Dreh- und Schwenkungspunkt im Westen: Paris – war eine geteilte Operation getreten, bei welcher die beiden wichtigsten deutschen Umfassungsarmeen (1. und 2.) zur mehr oder weniger passiven Beobachtung von Paris abgestellt wurden, während die 3. bis 5. Armee im Zusammenwirken mit der 6. im Süden, die zwischen Toul und Epinal durchbrechen sollte, zu einem viel enger angesetzten Zangenangriff gegen das französische Zentrum schritten.

Eine totale Veränderung des Operationsplanes! Hier, am 4. September 1914, wurde der Schlieffenplan, an den man sich bisher – ungeachtet aller »Verwässerungen« in der Kräftezumessung – im großen und ganzen, was die operative Grundidee anging, gehalten hatte, endgültig zu Grabe getragen. Moltke befahl eine neue, eine exzentrische Operation, deren Kräftelinien diametral auseinanderliefen. Was den Schlieffenplan anbelangt, so scheiterte er also nicht in der Marneschlacht am 9. September, sondern er war bereits am 4. September aufgegeben worden, noch bevor sich Joffre zu seinem großen Gegenangriff an der Marne entschloß.

Es ist ein merkwürdiges Zusammentreffen der Ereignisse, daß diese Entscheidung Joffres ebenfalls am 4. September fiel. An ein und demselben Tag änderten die beiden feindlichen Oberbefehlshaber ihre bisherigen Operationspläne auf drastische Weise! Dabei täuschten sich beide, zumindest partiell, über die gegnerischen Absichten: Moltke hatte zwar die Bedrohung der deutschen rechten Flanke aus dem Raum Paris erkannt und rechnete auch ganz richtig mit einem Angriff der französischen 6. Armee (Maunoury), aber er hatte keine Ahnung davon, daß Joffre den allgemeinen Gegenangriff von Paris bis Verdun einleiten würde. Der französische Generalissimus wiederum sah die Deutschen zwar ostwärts an Paris vorbeimarschieren, immer tiefer

»in den Sack« hinein, den er hinter ihnen zuzuschnüren gedachte, aber wußte seinerseits nichts davon, daß sein Gegenspieler bereits im Begriff war, ihm die Chance des Flankenstoßes endgültig zu nehmen.

Dies ist die strategische Situation am Abend des 4. September 1914, am Ende unseres 1. Aktes. Der Blitzfeldzug des deutschen Heeres ist im Grunde gescheitert, zur weiträumigen Umfassung der alliierten Streitkräfte ist es nicht gekommen. Jetzt tritt Joffre zum Gegenstoß an, jetzt will er selbst das erreichen, was die Deutschen einen Monat lang zu erreichen schienen: die große Umfassungsschlacht, das Riesen-Cannae zwischen Paris und Verdun. Moltke andererseits ist in seinen operativen Erwartungen schon sehr viel bescheidener, resignativer geworden. Für ihn geht es nicht mehr um den höchsten Siegespreis, sondern nur noch um die Abwendung einer beispiellosen Katastrophe.

2. Akt

5. bis 9. September 1914

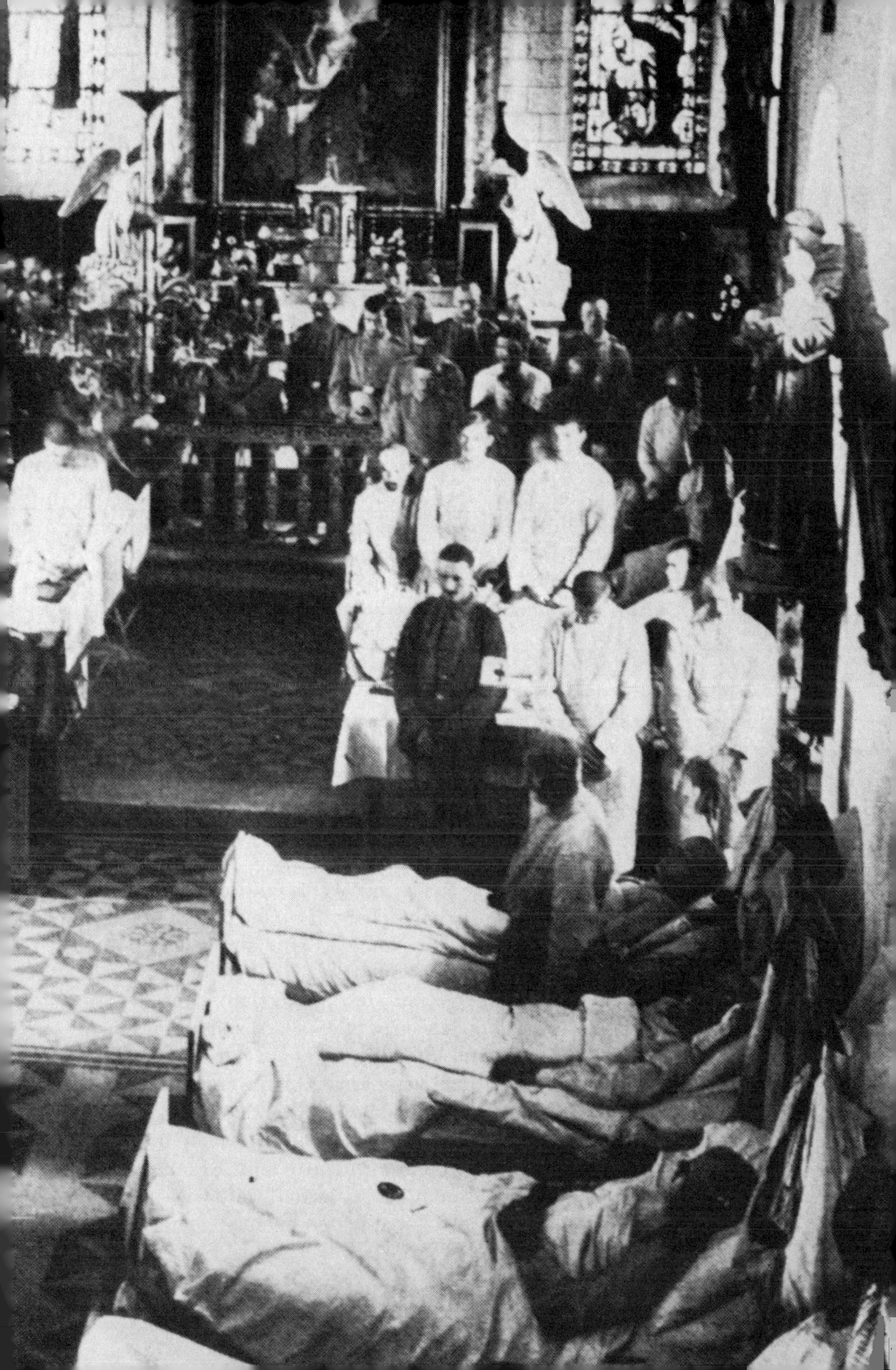

Am 4. September 1914, um 21.30 Uhr, hat General Joffre seinen Entschluß zur Schlacht an der Marne gefaßt. Doch am nächsten Morgen steht schon wieder alles in Frage. Aus dem britischen Hauptquartier in Melun flattert eine Depesche auf Joffres Schreibtisch: »Angesichts der fortwährenden Planänderung zieht es der britische Feldmarschall vor, die Lage von neuem zu studieren, ehe er einen Einsatz beschließt.«

Der französische Generalissimus liest wortlos das Telegramm, steht auf und befiehlt, den Wagen vorfahren zu lassen. Er begibt sich von seinem Hauptquartier in Bar-sur-Aube zum britischen Hauptquartier im Schloß Vaux-le-Pénil bei Melun, wo Feldmarschall French, der britische Oberkommandierende, residiert.

Sir John French ist ein kleiner, schlanker Mann mit einem gepflegten weißen Schnurrbart. Seine elegante äußere Erscheinung kann nicht darüber wegtäuschen, daß er ein bärbeißiger, beschränkter Kommißtyp ist, allerdings mit den gut eingelernten Manieren der englischen Oberklasse.

FRENCH *(ist unglücklich. Seine Gedanken gehen etwa so)*
Unsere Regierung weiß wirklich nicht, was sie will. Da hab' ich doch meine Generalanweisung schriftlich: »Vorsicht! Um Gottes willen nichts riskieren! Keine hohen Verluste in Kauf nehmen!« Gut, ich bin vorsichtig, ich riskiere nichts, ich setze mich ab. Als ob mir das Spaß machte! Wer will schon ein Rückzugsgeneral sein? Und was passiert? Ich werde nach Paris beordert, in die Botschaft, und da wartet unser Kriegsminister auf mich, Kitchener, in Feldmarschallsuniform, bitte sehr. Als ob ich nicht genauso ein Feldmarschall wäre wie er! Aber er beißt den Vorgesetzten heraus: »French, Sie

haben Ihren Platz in der französischen Linie wieder einzunehmen! Vergessen Sie nicht, wir führen Krieg.«
Als ob ich es vergessen hätte! Aber wie führt man Krieg, ohne etwas zu riskieren? Wie führt man Krieg, ohne Verluste in Kauf zu nehmen? Kitchener hat keine Ahnung, was er von mir verlangt. »Den Platz in der französischen Linie wieder einnehmen!« Wir haben doch keine französische Linie mehr, wir haben eine französische Katastrophe! Was soll ich denn nun: meine Armee retten? Oder sie in der französischen Katastrophe mit verbraten lassen?

So denkt Feldmarschall French. Alle seine Gedanken sind im Grunde nur nagende Ungewißheiten. Sein Stabschef, Sir Archibald Murray, hat dagegen nicht die geringsten Zweifel darüber, was zu tun ist. Murray ist der Typus des gealterten Epheben. Er ist der »feine Engländer«, spricht stark nasal und klingt immer, ob er will oder nicht, überheblich.

MURRAY *(zieht ganz andere Konsequenzen als sein Chef)*
Daß an diesem Feldzug nichts mehr zu retten ist, das sieht doch wohl jeder. Mein Gott! Wenn wir über den Zustand der französischen Armee ein bißchen besser unterrichtet gewesen wären, hätten wir uns nie auf dieses Abenteuer eingelassen. Was sollen wir eigentlich hier? Ein unsympathisches Land, ein unsympathisches Volk. Pathetisch, unfähig. Hysterisch. Erst dieser Karneval, dieser Empfang: Wein und Rosen, geschwollene Reden und Küßchen rechts und links. Ekelhaft. Und dann? Davonlaufen, ehe es richtig angefangen hat. Und wer

ist an allem schuld? Natürlich wir! Nein, sage ich, nein: es ist genug. Wir müssen hier raus; das ist alles, was wir noch müssen. Im Grunde genommen sieht das der gute French ja auch ein. Wenn nur nicht dann wieder der ewige Reitergeneral mit ihm durchginge! Und wenn ihn nur nicht Wilson mit seinen Sentimentalitäten und seiner Affenliebe zu den Franzosen immer wieder unsicher machte! Nun ja, Wilson ist Ire. Iren und Franzosen – ich sage weiter nichts.

Sir Henry Wilson ist tatsächlich profranzösisch eingestellt. Er ist der Mann, der vor dem Krieg die Geheimgespräche zwischen dem britischen und französischen Generalstab geführt hat. General Wilson ist in etwa ein Typus wie dreißig Jahre später Feldmarschall Montgomery: hager, exzentrisch, faltiges Gesicht, sehr lebhafte Augen, abgerissene Sprechweise, trocken, temperamentvoll.

WILSON *(Frenchs stellvertretender Stabschef, denkt so)*
Ich schäme mich manchmal. Doch, ich schäme mich. Hier stirbt ein großes Land, und wir – was tun wir? Wir benehmen uns wie Manöverbeobachter. Morgens Appell, Parade, Lunch, Tee. Wie im Frieden. Wie im Manöver. Natürlich, unsere Armee ist eine Augenweide. Immer noch prächtig in Form, richtige Soldaten. Noch auf dem Rückzug immer in Schritt und Tritt. Bei den Franzosen ist davon keine Rede mehr. Und ihre Kavallerie stinkt von weitem nach entzündetem Pferdefleisch. Immer auf dem Sattel rumrutschen. Bei uns führt der Mann das Pferd am Zügel, wenn's im Schritt geht. Mein Gott, was könnten wir tun! Wir sind wahr-

scheinlich die beste und bestgeschonte Truppe an der ganzen Front! Die Deutschen müssen doch ganz schön ausgepumpt sein! Aber wir tun nichts. Denken nur daran, wie wir heil hier herauskommen. Mein Gott, wie sehr ich mich schäme.

Während Joffre in seinem Wagen Richtung Melun steuert und in hastigen Truppenbewegungen des öfteren steckenbleibt, sitzen French, Murray und Wilson im Schloß Vaux-le-Pénil beim Mittagessen. Man befindet sich in einem eleganten Salon im Stile Louis XV., mit breiten Fenstertüren, die einen erholsamen Blick in einen prachtvollen Park gestatten. Es herrscht eine sehr korrekte Lunch-Atmosphäre. Bedienende Ordonnanzen räumen Teller ab und stellen neue Gläser auf. Die Stimmung ist entspannt, wie in einem Londoner Club. Die drei Herren sprechen miteinander ganz zwanglos, gar nicht wie militärische Vorgesetzte und Untergebene.

FRENCH *(zieht indigniert seine Taschenuhr)* Ich weiß wirklich nicht, was sich Joffre denkt. Für 12 Uhr läßt er sich anmelden; jetzt ist es zwei. Und wer ist nicht da? Joffre.

MURRAY Diese französischen Generäle haben alle keine Manieren. Nun ja, man muß bedenken, aus was für einer Gesellschaftsklasse sie stammen. Was war Joffres Vater? Wilson, Sie müssen es doch wissen ...

WILSON Handwerker, glaube ich. Irgendeine Art von Handwerker. Faßbinder. Ja, Faßbinder.

MURRAY Na, da sehen Sie! Was kann man von einem Faßbinder-Sohn schon erwarten? An Manieren. Oder an Strategie.

FRENCH Joffre ist nicht der Schlimmste. Dieser – wie hieß er? – Lanrezac war schlimmer. »Sagen Sie dem Feldmarschall, die Deutschen sind zum Angeln an die Maas marschiert.« Flegel!

WILSON *(begütigend)*
Na, Lanrezac ist ja nun weg. Abserviert. Sein Nachfolger ist ein Gentleman. Alter Militäradel.

MURRAY Wilson, Sie übertreiben immer. Ein französischer Adliger ist noch lange kein Gentleman.

FRENCH *(winkt mit den Augenbrauen)*
Ordonnanz! Eis bitte. Der Whisky ist ja lauwarm! – Was machen wir denn nun mit Joffre, wenn er wirklich geruht, zu kommen? Natürlich will er uns breitschlagen, bei dieser neuen improvisierten Offensive mitzumachen.

MURRAY *(beschwörend)*
John, Sie dürfen nicht weich werden! Wirklich nicht.

FRENCH *(unwillig)*
Ja, ja, ja. Was sollen wir denn aber machen? Die Regierung will, daß wir unseren Platz in der Linie wieder einnehmen.

MURRAY Erst mal abwarten! Erst mal in aller Ruhe abwarten, ob es überhaupt wieder eine Linie gibt. Bisher sehe ich noch keine.

WILSON Außer uns, mein Lieber, kann niemand das

Loch zwischen der französischen Fünften und Sechsten Armee stopfen.

Diese ganze Konversation ist keineswegs gereizt, sondern hält sich ständig im Ton freundlicher, ironischer Frotzelei unter Freunden.

MURRAY *(ironisch)*
Ja, Henry, Sie sind immer sehr schnell dabei, Ihren Kopf in ein Loch zu stecken. Wo Sie eins sehen, stecken Sie Ihren Kopf rein; so sind Sie. Passen Sie auf, eines Tages wird er Ihnen abgeschlagen!

FRENCH *(ärgerlich)*
Mir, mir wird der Kopf abgeschlagen! Ihr habt's leicht. Nach Euch fragt keiner. Sie, Wilson, sagen Hü, und Sie, Murray, sagen Hott, und ich kann mir aussuchen, was ich mache. Aber wie ich's mache, ist es falsch! Gehe ich vor und verliere meine Armee, bin ich schuld. Bleibe ich hinten und die Franzosen verlieren ihren Krieg, bin ich auch schuld.

MURRAY Also abwarten. Vor morgen, 12 Uhr mittags, können wir sowieso nicht aufschließen. Dem komischen französischen General mit dem italienischen Namen, der gestern bei mir war – komischer Mann, trägt gelbe Gamaschen zu schwarzen Stiefeln –, dem habe ich vorsichtshalber gesagt, nicht vor Montagfrüh.

WILSON Aber ich hab' Franchet das Gegenteil gesagt.

MURRAY *(zuckt die Schultern)*
Ja, leider!

WILSON *(nun etwas ernster zuredend)*
John, ich hab' so ein Gefühl: diesmal meinen's die Frösche ernst! Bleibt ihnen ja auch kaum etwas anderes übrig. Ist ihre letzte Chance. Und seine Chance muß man einem Mann fairerweise geben.

MURRAY Aber ohne Übereilung.

FRENCH *(seufzt)*
Wie ich es mache, ist es falsch.

Ein Ordonnanzoffizier tritt ein und meldet, daß der General Joffre eingetroffen sei.

FRENCH *(wirft die Serviette auf den Tisch)*
Da haben wir's! Mit zweistündiger Verspätung. *(zur Ordonnanz)* Keinen Kaffee!

Alle erheben sich. Joffre betritt mit Oberst Alexandre und Major Gamelin den Salon. Steife Begrüßung. Alle stellen sich zu beiden Seiten des Tisches auf: die Franzosen vor den Gartentüren, die Briten vor einer Bildergalerie. Es ist, als ständen sich zwei Parteien gegenüber.

Und nun beginnt eine qualvolle Unterhaltung. Joffre spricht kein Englisch, und French versteht nur ziemlich schlecht Französisch. Wilson soll übersetzen. Aber beide haben keine Geduld: Joffre will immer weiterreden, ohne Punkt und Komma, wie ein Wasserfall; er ist an diesem Nachmittag einfach nicht zu stoppen – und French behauptet immer stur, ja, ja, er hätte schon alles verstanden. In Wirklichkeit hat er gar nichts verstanden. Er will nur einfach nicht hören.

Joffre ist auch wirklich sehr insistent, ist außer sich. Es gehört schon Verzweiflung dazu, wenn ein Stummer redet – und so unaufhörlich redet. Und so dringlich. Schon beinahe aufdringlich. Schon beinahe taktlos.

JOFFRE *(in pathetischem Ton)*
Ich kann nicht glauben, daß die englische Armee tatenlos zusieht, während ich meinen letzten Mann einsetze!

Und so immer weiter! Wie gesagt, Joffre ist nicht zu stoppen. Er fährt mit der Hand auf der Generalstabskarte, die auf der Tafel ausgebreitet wurde, ständig hin und her, hektisch und wild, wie ein Berserker. Und immer wieder sieht er dabei French an. Wie ein Ertrinkender den Mann ansieht, der am Ufer steht und nicht ins Wasser springen will. Und dann – auf einmal – passiert es.

JOFFRE *(tritt an den Tisch)*
Feldmarschall, ich habe alles gesagt. Ich spreche für Frankreich, das ist wahr. Für Frankreich geht es um die Existenz. Aber es geht nicht nur um die Existenz Frankreichs ...
(plötzlich ganz wild, Faustschlag auf den Tisch, die Augen in Frenchs Augen gebohrt)
Es geht auch um die Ehre Englands!

Stille. Man könnte die berühmte Stecknadel fallen hören. Wilson rafft sich zusammen und will übersetzen. Aber er kommt nicht dazu, weil French abwinkt.

FRENCH *(antwortet mit bärbeißiger Stimme, aber er ist doch sichtlich bewegt)*
Schon gut, Wilson, schon gut. Habe alles verstanden. Jedenfalls das Wichtigste. *(zu Joffre)*
Wir werden unser Bestes tun, General!

WILSON Der Feldmarschall hat Ja gesagt.

Joffre schweigt einen Augenblick, bohrt seinen Blick in Frenchs Augen, reicht dann seine Hand über den Tisch. French nimmt sie mit einiger Verlegenheit.

Aber Murray, der am 5. noch Gallieni abgewiesen hatte, ist mit dem Ergebnis der Besprechung unzufrieden. Er tritt neben French an den Tisch.

MURRAY *(betont frostig)*
Nur ein Wort noch. Wir stehen zehn Meilen weiter südlich als Sie annehmen, General Joffre. Der früheste Zeitpunkt, zu dem wir »in Linie« sein können, ist 9 Uhr, nicht 6 Uhr, wie Sie verlangen, General.

Wilson übersetzt. Joffre ist plötzlich völlig abgekämpft. Sein altes phlegmatisches Selbst bricht durch; er hat an Temperament mehr eingesetzt, als ihm eigen ist.

JOFFRE *(zuckt gleichgültig die Schultern)*
Da kann man nichts machen. Sie marschieren von dort ab, wo Sie stehen. Ich habe das Wort des Feldmarschalls! Sie werden Ihr Bestes tun.

Der britische Oberkommandierende atmet erleichtert auf. Er ist froh, daß die Szene, die ihm doch stark an die Nieren ging, endlich vorüber ist.

FRENCH *(eine Hand in der Hosentasche, mit der anderen einladend)*
Dann können wir wohl jetzt Tee trinken. *(Im Hinausgehen auf die Veranda ganz gesellschaftlich, höflicher small talk, mit einem letzten kleinen Stich)* Wir hatten Sie eigentlich um 12 zum Lunch erwartet, General Joffre.

Während der französische und der britische Oberkommandierende nun gemeinsam ihren Tee trinken, hat die Schlacht an der Marne bereits begonnen. Nach den unvorstellbaren Marschleistungen der vergangenen Wochen werden der Truppe jetzt ungeheuerliche Kampfleistungen abverlangt. Und sie hat sie erbracht: auf beiden Seiten! Aber diese gewaltigen Leistungen und Opfer der Truppe haben die Marneschlacht nicht entschieden. Die Entscheidungen fielen dort, wo die Führung keine Aushilfen mehr wußte: wo auf einer Seite beispielsweise nichts stand, oder doch fast nichts; wo sich Frontlücken auftaten oder Flügel ungedeckt blieben; wo ganz einfach die Kräfte, mit denen man disponierte, nicht ausreichten. Die Marneschlacht war, bei allem Heldentum der kämpfenden Truppe, keine Soldatenschlacht, sondern eine Generalsschlacht.

Halten wir uns noch einmal das Schlachtbild vor Augen, machen wir uns klar, wie und wo die deutschen Armeen des rechten Heeresflügels am 6. September eigentlich stehen sollten. Nämlich: die 1. Armee Klucks zwischen Oise und Marne, Front nach West/Südwest gegen Paris – die 2. Armee Bülows anschließend zwischen Marne und Seine, Front nach Südwesten.

Und so stehen sie tatsächlich: zwischen Oise und Marne nur das isolierte IV. Reservekorps – südlich der Marne, teilweise bis zu drei Tagesmärschen entfernt, die ganze übrige 1. Armee – anschließend die 2. und 3. Armee.

Nun stößt am 5. September das isolierte IV. Reservekorps nördlich der Marne und nordostwärts von Paris auf die gesamte 6. französische Armee Maunourys, und bald steht dieses deutsche Korps in einem schweren Abwehrkampf gegen eine dreifache Übermacht. Daraufhin läßt Generaloberst v. Kluck die ganze 1. Armee kehrtmachen und führt sie in Gewaltmärschen dorthin zurück, von wo er sie in Gewaltmärschen hergeführt hat. Der Flankenstoß der 6. französischen Armee wird zum Stehen gebracht, und am 9. September wird sie selbst beinahe umfaßt sein und keuchend um ihr Leben kämpfen müssen.

Aber dafür entstehen auf deutscher Seite zwei neue Krisenpunkte: einer an Bülows rechtem Flügel, der nach Klucks Ab- und Rückmarsch frei in der Luft hängt. In den krallt sich die 5. französische Armee und zwingt ihn, sich langsam nach Osten zurückzubiegen, wodurch die Lücke zwischen Bülow und Kluck immer größer wird. Der andere Krisenpunkt ist diese Lücke selbst, in die nun die Briten hineinmarschieren.

Allerdings, in Gallienis Hauptquartier in Paris wird man nervös. Maunourys 6. Armee kommt gegen das deutsche IV. Reservekorps nicht vorwärts, ja, sie fordert sogar dringend Verstärkungen an. Verstärkungen – das IV. französische Corps – treffen zwar jetzt in Paris ein; aber wie bringt man sie an die Front? Alle Eisenbahnzüge sind mit Munitions- und Verwundetentransporten überfüllt. Gallieni requiriert kurz entschlossen die Pariser Taxis und organisiert Taxikolonnen zur Front: jeweils 600 Taxis mit je fünf Mann an Bord. Die »Marne-Taxis« sind die große französische Schlachtlegende geworden, und sie haben sich in der Tat auch nützlich gemacht. Aber mit der strategischen Entscheidung haben sie wenig zu tun. Die fällt anderswo.

Alles kommt jetzt auf die Engländer an. Am 8. September ist Joffre am Rande einer Nervenkrise. Er schickt seinen Verbündeten vier Telegramme. Eines hinter dem anderen.

Um 9 Uhr morgens	AUFTRAG DER ENGLISCHEN ARMEE IST, DIE DER 6. ARMEE GEGENÜBERSTEHENDEN KRÄFTE ANZUGREIFEN.
Um 12 Uhr mittags	ES IST WICHTIG, DASS DIE ENGLISCHE ARMEE SOBALD WIE MÖGLICH NÖRDLICH DER MARNE FUSS FASST.
Um 3 Uhr mittags	ES IST UNBEDINGT NÖTIG, DASS DIE BRITISCHEN STREITKRÄFTE SCHON

Ein »Marne-Taxi« der 6. französischen Armee

HEUTE ABEND NÖRDLICH DER MARNE AUFRÜCKEN.

UM 6 UHR ABENDS *(jetzt im Befehlston)*
DIE BRITISCHEN KRÄFTE GEHEN ÜBER DIE MARNE UND SCHWENKEN GEGEN DEN RÜCKEN DES FEINDES ...

Im Hauptquartier von Feldmarschall French findet man dieses hektische Drängen überflüssig. Sir John hatte einen Tag nach seinem dramatischen Zusammentreffen mit Joffre folgenden Tagesbefehl an seine Armee erlassen:

»Ich fordere das Expeditionskorps in Frankreich auf, dem Feind zu zeigen, was es wert ist, und an der Seite der 6. französischen Armee zum Angriff zu schreiten. Ich bin sicher, diese Aufforderung wird befolgt werden. Die Armee wird, in einer weiteren Äußerung des wunderbaren Kampfgeistes, den sie während der vergangenen Wochen gezeigt hat, dem Feind mit aller Macht in die Flanke fallen und ihn, vereint mit unseren Bundesgenossen, schlagen.«

Am Sonntag allerdings haben die Engländer noch getrödelt; aber jetzt sind sie in Schwung gekommen. Jetzt marschieren sie fast ungehindert zur Marne. Die Soldaten singen oder pfeifen auf dem Marsch. Im britischen Hauptquartier verbreitet sich Aufgeräumtheit.

Und wie sieht es im deutschen Hauptquartier, in Luxemburg, aus?

So unglaublich es klingt, aber hier hat man am Sonntag, dem 6. September, keine blasse Ahnung vom Beginn der Marneschlacht. Jetzt rächt es sich, daß die deutsche Oberste Heeresleitung ihren Standort so weit hinter den vorrückenden Armeen hat; denn die Funkverbindungen sind völlig unzulänglich.

Außerdem: Moltkes Blick gilt am 6. September ausschließlich der Ostfront. Zunächst einmal Ostpreußen: Dort ist die 8. Armee Hindenburgs und Ludendorffs, die bei Tannenberg eine ganze russische Armee vernichtet hatte, an diesem Morgen zum Angriff gegen eine weitere russische Armee angetreten. Eine außerordentlich riskante Operation, in den Sumpfgebieten an den Masurischen Seen, gegen einen zahlenmäßig überlegenen Feind in festen Stellungen. Es müssen Truppen angreifen, die weder Zeit zum Ausruhen noch zum Auffüllen hatten.

Generaloberst v. Moltke ist nicht wohl bei diesem Unternehmen. Vor allem aber erreichen ihn während des ganzen Sonntags schrille Hilferufe der Österreicher, bei denen in Galizien alles anfängt schiefzugehen. Wie soll Moltke ihnen Hilfe leisten?

Im Laufe des Vormittags des 7. September wird dem deutschen Generalstabschef aus aufgefangenen Funksprüchen klar, daß es am 6. zu schweren Kämpfen ostwärts Paris gekommen ist. Zwar hat er immer noch keine verläßliche Nachricht über Joffres großen Gegenangriff, aber eine Ahnung sagt ihm, daß alles einer Krisis zutreibt. In dieser Stimmung schreibt der Generaloberst mittags an seine Frau Eliza:

»Heute fällt eine große Entscheidung, unser ganzes Heer von Paris bis zum oberen Elsaß steht seit gestern im Kampf. Müßte ich heute mein Leben hingeben, um damit den Sieg zu erkämpfen, ich täte es mit tausend Freuden, wie es wieder Tausende unserer Brüder heute tun und Tausende es getan haben.
(Dann ganz langsam weiter)
Welche Ströme von Blut sind schon geflossen. Welcher namenlose Jammer ist über die ungezählten Unschuldigen gekommen, denen Haus und Hof verbrannt und verwüstet sind. Mich überkommt oft ein Grauen, wenn ich daran denke, und mir ist zumute, als müßte ich dieses Entsetzliche verantworten. Und doch konnte ich nicht anders handeln, als geschehen ist.«

Für diese Worte ist der Generaloberst von der Fachkritik und von der Nachwelt herb getadelt worden. »So schreibt kein Feldherr« oder ähnlich lautete der allgemeine Vorwurf. Man kann es auch anders sehen. Dieser preußische General war kein sehr bedeutender Stratege; aber dafür etwas viel Selteneres: ein Feldherr mit Herz, ein Soldat mit Humanität.

Als Moltke die Feder aus der Hand legt, ist es Nachmittag geworden. Und erst jetzt, als sein Mitarbeiter Tappen mit Papieren in der Hand eintritt, entschleiert sich ihm die ganze Wahrheit der strategischen Lage.

MOLTKE *(dringlich)*
Nachricht von Hindenburg und Ludendorff?

TAPPEN *(zuckt mit den Schultern)*
Leider nein. Ganz etwas anderes. Das *(gibt Moltke das Papier)* ist eben von der 3. Armee telefonisch durchgegeben worden. Tagesbefehl Joffres. Man hat ihn bei einem gefallenen französischen Offizier gefunden. Soll kaum zu entziffern gewesen sein. Alles voll Blut.

MOLTKE *(liest laut)*
»Im Augenblick, da eine Schlacht beginnt, von der die Rettung des Landes abhängt . . . kein Zurück mehr . . . ein Truppenteil, der nicht vorwärtskommt, muß sich an Ort und Stelle töten lassen . . . kann keine Schwäche geduldet werden . . .« *(blickt auf)* Auch das noch.

TAPPEN Tja, klingt nach Entscheidungsschlacht. Sollten wir jetzt nicht auch einen markigen Tagesbefehl loslassen?

MOLTKE *(winkt ab)*
Nein, Tappen, das ist nicht preußischer Stil. Die Franzosen lieben das pathetische Wort. Ich rechte nicht darüber. Der deutsche Soldat braucht das nicht; mag es auch nicht. Er tut seine Pflicht.

TAPPEN Aber ein kräftiger Peitschenhieb holt aus einem müden Pferd noch einmal das Letzte heraus. »Wer nicht vorwärtskommt, muß sich an Ort und Stelle töten lassen.« So etwas klingt gut.

MOLTKE *(geht langsam auf und ab)*
Ach, Tappen. Mir klingt es gar nicht so gut. Wir wissen doch, was das bedeutet . . .

Tappen Daß im Kriege gestorben wird, wissen wir schließlich alle.

Moltke Ja, aber jeder anständige Mensch will lieber zu denen gehören, die sterben, als zu denen, die sterben lassen. *(seufzt)* Leider muß es auch die geben. –
Keine Meldungen von unseren Armeen?

Tappen *(schüttelt den Kopf)*
Kein Wort.

Moltke *(läßt sich auf einen Stuhl fallen)*
Mir ist um Kluck bange. Wir haben ihn scheint's zu spät zurückgepfiffen.

Tappen Ja. Wir fangen die Schlacht auf dem falschen Fuß an.

Moltke *(nickt)*
So ist es. Und ändern können wir im Moment nichts daran. Wir müssen die Morgenmeldungen abwarten.

Das Fatale für Moltke und seine Mitarbeiter ist, daß den ganzen Tag lang keine Meldungen von Kluck eingetroffen sind; übrigens auch von den anderen Armeen nicht. Nur Bülow hat sich gemeldet: »Ganze Armee im Abwehrkampf gegen überlegenen Feind – hält bis jetzt ihre Stellungen – hat nur noch Gefechtskraft von drei Korps.« Das klingt nicht gut. »Bis jetzt«, das klingt sogar bedrohlich. Generaloberst v. Moltke beurteilt die Lage instinktiv völlig zutreffend: Wenn Kluck nicht mit seiner 1. Armee zurückgeht, dann fallen ihm die Franzosen aus Paris in den Rücken. Geht er aber zurück, dann reißt er zwischen sich und Bülow eine riesige Frontlücke auf, in die dann wahrscheinlich die Briten stoßen.

Moltke ahnt früher als jeder andere, daß das kommende Schlachtgeschehen höchstwahrscheinlich auf einen begrenzten Rückzug der deutschen Flügelarmeen hinauslaufen wird. Und am Montagabend trägt er diesen Gedanken auch dem Kaiser, Wilhelm II., vor.

MOLTKE *(erläutert dem Kaiser an der Karte)*
Sie sehen, Majestät, hier diese Lücke zwischen Bülow und Kluck. Sie beträgt zur Zeit wahrscheinlich rund 30 Kilometer; einen normalen Tagesmarsch. Bülow kann sie nicht ausfüllen; er ist selbst schwer bedrängt. Kluck marschiert, soweit wir es aus den aufgefangenen Funksprüchen überhaupt beurteilen können, nach Nordwesten, zum Flüßchen Ourcq, wo seine Nachhut in schwerem Kampf steht. Dadurch wird sich die Lücke morgen voraussichtlich auf 50 Kilometer, fast zwei Tagesmärsche, erweitern. Vor der Lücke steht die englische Armee. Wir müssen annehmen, daß sie hineinstößt. Sie hat nichts vor sich, was sie aufhalten könnte. Wenn die Briten ihre Chance wahrnehmen, muß die 1. Armee zurück, um nicht eingekesselt zu werden. Etwa hier *(zeigt an der Karte)* könnten sich dann 1. und 2. Armee wieder vereinigen.

WILHELM *(forsch)*
Unter keinen Umständen einen Schritt zurück! Angreifen, angreifen, solange es geht! Der Hieb ist die beste Parade!

MOLTKE *(peinlich berührt)*
Majestät, es gibt Situationen, in denen es verhängnisvoll werden kann, immer weiter anzugreifen. Wenn Samsonow bei Tannenberg nicht

immer noch weiter angegriffen hätte, während er im Rücken umgangen wurde, könnte seine Armee heute noch existieren. Niemand liebt einen Rückzug! Aber manchmal ist er die einzige Rettung.

WILHELM *(kameradschaftlich)*
Unsinn, lieber Julius, Sie waren immer ein Schwarzseher. Ich kenne doch meine Soldaten! Ich werde morgen selbst zu den Armeen fahren und ihnen Mut machen.

MOLTKE *(beschwörend)*
Wollen Majestät bedenken, daß die Armeestäbe in einer Schlacht schwer belastet sind. Ein kaiserlicher Besucher in diesem Moment wäre eine Extrabelastung.

WILHELM *(im eiligen Abgehen)*
Ich fahre, wann und wohin ich will!

Daß der impulsive Kaiser zur Front fährt, kann Moltke im letzten Moment verhindern. Doch auch am Dienstag, dem 8. September, bleibt er ohne Nachrichten von Kluck. Was die 1. Armee angeht, deren Schicksal auf Messers Schneide steht, tappt die deutsche Oberste Heeresleitung nach wie vor im dunkeln.

MOLTKE *(hat Tappen und Hentsch rufen lassen)*
Meine Herren, noch immer keine Nachricht von Generaloberst Kluck! Was wir brauchen, sind vor allem Informationen. Einer von uns muß heute die Armee-Oberkommandos abklappern: von der 5. bis zur 1. Armee. Mit dem Kraftwagen ist das an einem Tag zu schaffen! *(Er fixiert die beiden Mitarbeiter.)* Berichten,

wie es steht, und, wo nötig, strategische Bewegungen koordinieren.

TAPPEN *(lacht anzüglich)*
Zu Befehl, Exzellenz! Wird mir ein Vergnügen sein, mal einen Tag hier herauszukommen ...

MOLTKE *(unterbricht ihn)*
Nein, Tappen. Sie werden *hier* gebraucht. Wir müssen heute mit der Umgruppierung der 7. Armee weiterkommen. Übrigens, das III. Reservekorps braucht auch seine Marschbefehle! Wann meinen Sie, daß es an der Marne frühestens eingreifen kann?

TAPPEN Gestern hat es Maubeuge genommen, heute wird es noch mit Aufräumen beschäftigt sein. Maubeuge – Marne *(mißt mit dem Zirkel auf der Karte)* Luftlinie ungefähr 160 Kilometer – vier starke Tagesmärsche – eher fünf – Abmarsch morgen früh –: nicht vor Sonntag abend. Frühestens.

HENTSCH *(pessimistisch)*
Das hilft uns jetzt nicht viel.

MOLTKE *(wird dadurch auf ihn aufmerksam)*
Sie werden fahren, Hentsch. Sie waren ja schon am Sonnabend bei Kuhl. Lassen Sie sofort alles fertigmachen! Und kommen Sie vor der Abfahrt noch mal zu mir ...

Das ist der entscheidende Fehler, den Moltke macht! Mit Recht ist er der Meinung, daß man erst Informationen brauche, daß man wissen müsse, »wie es vorne aussieht«, bevor man schwerwiegende Entschlüsse fassen kann. Wie es vorne aussieht, wissen aber Moltke und seine Mitarbeiter nicht, weil zur 1. und 2. Armee, auf die jetzt alles ankommt, lediglich eine – oft gestörte – Funkverbindung besteht. Nun, was läge näher, als daß der Generalstabschef sich selbst nach »vorne«, also zu den einzelnen Armeen begibt? Aber genau das tut Moltke nicht! Als fürchte er sich davor, mit den unbequemen Armeebefehlshabern Kluck und Bülow zusammenzutreffen, entschließt er sich, den Chef der Nachrichtenabteilung, Oberstleutnant Hentsch, zu schicken.

Natürlich spricht auch manches dafür: Hentsch, zugleich Chef der Abteilung Fremde Heere, war schon vor wenigen Tagen an der Front gewesen, kannte die Wege dorthin, hatte es ausgezeichnet verstanden, mit dem intellektuellen Kuhl auf diplomatische Weise zurechtzukommen. Aber alles das ist kein ausreichender Grund, in einem Augenblick, in dem die operative Krise ihren Scheitelpunkt erreicht hat und in welchem nur noch die oberste Autorität ausreichen kann, die sich immer mehr verselbständigenden Armeen wieder an den Zügel zu bekommen, die schwere Last einer solchen Mission auf die Schultern eines Abteilungsleiters zu legen.

Hentsch jedenfalls beeilt sich, er läßt zwei Daimler-Kraftwagen zur Abfahrt fertigmachen. Im ersten wird er Hauptmann v. König, im zweiten Hauptmann Koeppen mitnehmen. Während die Daimler aufgetankt werden, geht Hentsch unruhig auf und ab. Ihm ist nicht wohl bei diesem Auftrag.

HENTSCH *(im Selbstgespräch)*
Nun kommt es doch tatsächlich so weit, daß ich, ein schlichter Oberstleutnant, heute Schicksal spielen muß. Mein Gott, ich dränge mich nach diesem Auftrag, wirklich nicht! Aber das kommt davon, wenn man Vorzugsschüler ist. Klar, der Chef hat zu mir Vertrauen, er schätzt mich. Und ich ihn übrigens auch. Was

wird ihm hier nicht alles angehängt! Daß er ein hochanständiger Mann ist, ja, das geben sie alle zu. Aber im übrigen: eine Zimmerpflanze, ein Hofgeneral, willensschwach, entschlußlos, ein kranker Mann von Anfang an . . . Alles nur hinter der vorgehaltenen Hand, versteht sich, und alles letzten Endes Quatsch! Moltke ist so krank und so gesund, wie ein Mann von 68 eben ist. Und willensschwach, entschlußlos? Du meine Güte! Der Chef selbst weiß immer ganz genau, was er will oder was er nicht will. Nein, ich muß sehen, daß ich eine klare schriftliche Weisung und eine klare schriftliche Vollmacht von ihm bekomme. So etwas gibt er nicht gerne aus der Hand. Aber ich muß sie haben!

Nach einer halben Stunde ist alles zur Abfahrt bereit, und Hentsch meldet sich bei Moltke. Es kommt zu einem Vier-Augen-Gespräch, das eine halbe Stunde dauert und das die Marneschlacht entscheiden wird. Niemand außer Moltke und Hentsch hat daran teilgenommen, und es gibt auch kein Stenogramm, kein Protokoll, keine Aktennotiz darüber. Aber aus den Memoiren und Aussagen (Hentsch wird im Mai 1917 vor einem Untersuchungsausschuß vernommen) kann man den Inhalt des Gesprächs ziemlich genau rekonstruieren.

MOLTKE *(geht erregt auf und ab)*
Mein lieber Hentsch, verstehen Sie mich doch endlich. Ich kann Ihnen keine Weisung mitgeben. Wenn ich eine Weisung geben könnte, würde ich sie den Armeen direkt schicken. Wir können keine Weisungen erteilen, wenn wir keine Informationen darüber haben, wie es bei den Armeen genau aussieht. Die sollen *Sie* uns verschaffen.

HENTSCH Aber Exzellenz sagten doch selbst, daß ich im Notfall an Ort und Stelle eingreifen und die Auffassung der Obersten Heeresleitung zur Geltung bringen soll. Es bestand auch in der Stabsbesprechung Einigkeit darüber, daß es höchstwahrscheinlich bei der 1. und 2. Armee auf einen strategischen Rückzug hinauslaufen wird.

MOLTKE Richtig. Darauf wird es wohl leider hinauslaufen.

HENTSCH Dann bitte ich gehorsamst um eine schriftliche Vollmacht, einen solchen Rückzug notfalls befehlen zu dürfen.

MOLTKE Hentsch, Sie sind Oberstleutnant. Die Armeeführer sind Generaloberste. Sie können ihnen nichts befehlen! Und wenn ich Sie dazu bevollmächtigte, wäre das ein Affront.

HENTSCH *(hartnäckig)*
Wie soll ich dann aber die Auffassung der Obersten Heeresleitung zur Geltung bringen?

MOLTKE *(versucht es im guten)*
Mein lieber Hentsch, stellen Sie sich doch nicht begriffsstutzig. Sie wissen doch, wie bei uns geführt wird. Sie haben das doch neulich bei Kuhl sehr gut gemacht. Halten Sie sich an die Stabschefs! Wozu hat denn der Generalstab ein Nervenende in jedem Armeegehirn? Das sind doch alles Leute, die dieselbe Denkschule genossen haben wie Sie. Mit denen kann man doch vernünftig reden. Reden Sie vernünftig

mit ihnen! Das weitere wird sich dann schon finden.

HENTSCH Und wenn es sich *nicht* findet? Ich kann auch den Stabschefs ohne Vollmacht nichts befehlen. Sie sind Generäle, ich bin ein Oberstleutnant.

MOLTKE *(wird ungeduldig)*
Hentsch, kein Mensch spricht von Befehlen! So wird bei uns nicht geführt. Wenn alle Armeen finden, daß ein Rückzug vermieden werden kann, und wenn Ihre Darlegungen keinen der Stabschefs vom Gegenteil überzeugen können, dann ist Ihre Mission zu Ende. Dann berichten Sie uns, und dann werden wir sehen, was wir machen. Aber so wird es nicht kommen! Leider. Sie werden sehen, wenn Sie mit den Chefs der 1. und 2. Armee reden, wird sich zeigen, daß die schon ganz von alleine dasselbe denken wie wir hier. Wie die Dinge liegen, können sie gar nichts anderes denken. Leider. *Ihre* Aufgabe ist dann nur, die von den Armeen ins Auge gefaßten Bewegungen zu koordinieren. So zu koordinieren, daß die Lücke zwischen 1. und 2. Armee geschlossen wird, ehe ein Malheur passiert. Dazu brauchen Sie keine Vollmacht! Sie geben Hilfestellung namens der Heeresleitung. Sie geben unseren Segen. Vertretungsweise. Das ist alles.

HENTSCH Und wenn die eine Armee zurückgehen will und die andere nicht?

MOLTKE *(nun wirklich fast ärgerlich)*
Dann müssen Sie eben koordinieren. *(sehr*

bestimmt) Und nun machen Sie sich auf die Socken! Die Zeit vergeht, und Sie haben heute eine volle Tagesarbeit vor sich. Gott befohlen.

Hentsch klappt mit einem »Zu Befehl, Exzellenz!« die Hacken zusammen und verläßt den Raum. Es ist alles gesagt, und weitere Einwendungen hätten selbst bei dem milden Moltke eine Explosion zur Folge haben können.

Der Chef der Obersten Heeresleitung wendet sich wieder seiner täglichen Arbeit zu. Was die Lage bei Kluck und Bülow angeht, ist er praktisch »blind« (und deshalb hat er ja nun auch Hentsch auf den Trab gebracht). Aber geradezu seherisch ahnt er das »umgekehrte Cannae« voraus, das Joffre ihm und dem deutschen Heer an der Marne bereiten will. Auch Moltke schreckt vor dem ominösen Wort »Rückzug« zurück wie ein Turnierpferd, das die Hürde verweigern will. Doch da gibt es etwas, worin sich der preußisch-deutsche Generalstabschef von allen anderen Generälen und Heerführern unterscheidet: Es ist die Last der Verantwortung für das Schicksal der einfachen Soldaten, die Moltke fast erdrückt! Und dazu kommt eine Sensibilität in allgemeinen politischen Fragen, die sonst nicht eben der Vorzug von Militärs ist.

Am Abend dieses 8. September schildert Moltke in einem Brief an seine Frau, »mit welcher namenlosen Schwere die Last der Verantwortung die letzten Tage« auf ihm gelastet habe »und noch lastet«. Er sieht die Krise der Westfront vor seinem geistigen Auge und fügt hinzu: »Denn noch immer ist das große Ringen vor der gesamten Front unseres Heeres nicht entschieden. Es handelt sich hierbei um Wahrung oder Verlust des bisher mit unendlichen Opfern Errungenen. Es wäre furchtbar, wenn all dies Blut vergossen sein sollte, ohne einen durchschlagenden Erfolg. Die schreckliche Spannung dieser Tage, das Ausbleiben von Nachrichten von den weit entfernten Armeen, das Bewußtsein dessen, was auf dem Spiel steht, geht fast über meine menschliche Kraft.« Seine Gedanken schweifen zu den Soldaten seiner 1. und 2. Armee vor Paris, zu den Briten, zu Joffre, zum Kaiser – und er schreibt: »Die furchtbare Schwierigkeit unserer Lage steht oft wie eine schwarze Wand vor mir, die undurchdringlich scheint.« Seine sorgenvollen Gedanken eilen nach Ostpreußen und Galizien, und nach einem Augenblick fährt er fort: »Es ist eine schwere Zeit, und namenlose Opfer hat dieser Krieg schon gefordert und wird sie weiter fordern. Die ganze Welt hat sich gegen uns verschworen. Es sieht so aus, als ob es die Aufgabe aller übrigen Nationen wäre, Deutschland zu vernichten.«

Oberstleutnant Hentsch absolviert währenddessen seine schwierige »Mission«. Seit 10.30 Uhr ist er unterwegs. Gesprochen wird kaum; der Oberstleutnant macht sich so seine Gedanken.

HENTSCH *(denkt folgendermaßen)*
Ja, so sind die großen Herren. Darin sind sie alle gleich. Wenn's Dreckarbeit gibt – die tun sie nicht selber! Nun ja, Gott verdamm' mich, irgendwie ist es mir auch recht, meinen Kopf hinzuhalten für den Chef. Irgendwie tut mir der Chef leid. Irgendwie wissen wir doch alle ganz genau, was los ist. Man lebt nicht sechs Wochen im Hauptquartier, ohne zu merken, was tatsächlich gespielt wird. Der Chef ist kein kranker Mann, nein. Aber *eine* Krankheit hat er doch: den Kaiser. Sein kaiserlicher Freund; daß ich nicht lache! Freundschaft zwischen einem Kaiser und einem Untertan – ich danke! Und ein bißchen überständig ist die Freundschaft auch schon. »Mein lieber Julius« nennt ihn der Kaiser immer; und denkt sich sein Teil. Moltke heißt gar nicht Julius; und denkt sich auch sein Teil. *(Er ist wirklich außerordentlich froh, der Atmosphäre des Hauptquartiers für eine Weile entronnen zu sein.)*

Die letzten sechs Wochen waren doch furchtbar! Sechs Wochen Knochenarbeit, und immer mit dem Kaiser hinter einem. Der Oberste Kriegsherr! Jeden Tag Vortrag beim Kaiser. Jeder Befehl im Namen des Kaisers: »Seine Majestät befiehlt ...« Er befiehlt natürlich gar nichts. Er versteht kein Wort von dem, was wir machen. Nicht die Bohne! Aber je weniger er versteht, desto mißtrauischer ist er. Könnte ja alles Unsinn sein, was der Generalstab sich ausdenkt. *(sieht im Vorbeifahren französische Gefangene)*
Joffre, der hat es gut. Dem redet keiner rein. Der kann Schlachten verlieren, eine nach der anderen; kann zurückgehen, bis zur Marne, bis zur Seine, bis Gott weiß wohin. Bei uns darf nichts schiefgehen, sonst wehe! Für Moltke ist ständig die seidene Schnur bereit. Vom ersten Tag an. Der Nachfolger ist auch schon da. Falkenhayn. Wissen wir doch alle! Was hat der im Hauptquartier zu suchen? Der preußische Kriegsminister gehört nach Berlin. Aber nein, immer im Hauptquartier. Und immer an der Hoftafel, immer die Köpfe mit dem Militärkabinett zusammengesteckt, immer getuschelt, immer kritisiert. »Na, was macht der gute Julius heute wieder für einen Unsinn?« Es ist furchtbar. Und deshalb halte ich schließlich ganz gern meinen Kopf für den Chef hin ...

Hentsch besucht zuerst die 5. Armee, danach die 4. Nichts Besonderes. Aber bei der 3. Armee, der sächsischen, nachmittags gegen 5 Uhr in Châlons, da wird es dramatisch. Und geradezu gespenstisch.
Das Hauptquartier der 3. (sächsischen) Armee des Generalobersten v. Hausen befindet sich in einem weitläufigen Gutshof. Draußen im

Freien, vor dem Gutshof, sitzt v. Hausen mit seinem Stab und hält Lagebesprechung ab. Als Oberstleutnant Hentsch sich beim Armeeführer meldet und nach allen Seiten grüßt, hat er den Eindruck, daß sämtliche Offiziere krank wirken, daß alle sehr blaß, sehr nervös, sehr ernst aussehen. Der ganze Stab wirkt irgendwie komisch: so wankend, schwankend. Als wenn die Sachsen zuviel gefeiert, zuviel Champagner getrunken hätten. Gleichzeitig drängt sich ihm das Bild einer Gespensterszene auf: als wenn lebende Leichname am Tisch säßen.

HENTSCH *(fragt den Generalobersten gespielt optimistisch)*
Es sieht also gut aus bei Ihnen, Exzellenz?

HAUSEN *(faßt sich mit verzerrtem Gesicht an den Magen)*
Grausig! Grausig sieht es aus, mein Lieber . . .

HENTSCH *(sieht ihn fassungslos an)*
Wie meinen, Exzellenz?

HAUSEN XI. Korps und Garde haben heute vor Tagesanbruch mit dem Bajonett angegriffen und sind bis zu den französischen Artilleriestellungen eingebrochen. Es war ein Gemetzel! Die französische Infanterie ist niedergemacht worden, mit dem Bajonett. Teile von drei Divisionen. Jetzt liegen unsere Leute zwischen den Leichen und schlafen.

HENTSCH *(perplex)*
Sie schlafen?

HAUSEN *(nachdrücklich)*
Herr Oberstleutnant, Sie sehen mich so eigentümlich an. Ich *bin* krank, aber nicht *geistes-*

krank. – Ja, sie schlafen, Verehrtester, sie pflegen der Ruhe, wenn Sie das besser verstehen. Die Leute haben 36 Stunden nicht geschlafen. Auch nichts gegessen. Gestern haben sie den ganzen Tag im französischen Artilleriefeuer gelegen. Festgenagelt. So ging es nicht weiter! Da habe ich den Befehl zum nächtlichen Bajonettangriff gegeben. Völlige Überraschung! Keine Artillerievorbereitung, keine Kugel im Lauf. Lautlos auf den schlafenden Feind. Zwei ganze Korps. Lautlos. Nur Bajonettarbeit. Verzeihen Sie (er wendet sich ab und würgt). – Am Nachmittag haben sich die letzten Franzosen zurückgezogen. Dann sind unsere Leute eingeschlafen. Mitten auf dem Schlachtfeld. Auf dem Leichenfeld. Das sind die letzten Meldungen.

HENTSCH Und keine Feindeinwirkung?

HAUSEN *(gereizt)*
Ich sagte ja, der Feind hat sich zurückgezogen. Seine Reste sammeln weiter hinten. Das sind die letzten Meldungen. – Zu einem vollständigen Durchbruch hat es leider nicht gereicht. Heute nicht. Die menschliche Natur verlangt ihr Recht. Aber morgen werden wir wieder angreifen!

HENTSCH Die Lage bei der 3. Armee kann also als günstig angesehen werden?

HAUSEN *(nickt mit dem Kopf)*
Das kann man sagen. Wenn etwas schiefgeht, an uns Sachsen hat's nicht gelegen.

HENTSCH Und die Lage bei der 2. Armee, Exzellenz?

HAUSEN *(zuckt mit den Schultern)*
Das müssen Sie den Generalobersten v. Bülow fragen, Herr Oberstleutnant.

Oberstleutnant Hentsch meldet sich militärisch ab und verläßt den Gutshof. Während er zum Auto geht, denkt er nur ein Wort: »Typhus«. Der Stab der 3. Armee ist typhuskrank; das ist ihm jetzt völlig klar. Und am schlimmsten hat es den Armeeführer selbst gepackt, den Generalobersten v. Hausen.

Die beiden Daimler setzen sich wieder in Bewegung, und dann geht es auf der Landstraße bei sinkender Dämmerung weiter. Um 19.45 Uhr Ankunft bei der 2. Armee des Generalobersten v. Bülow: Château Montmort; Schloß Totenberg zu deutsch. »Schöner Name«, denkt Hentsch sarkastisch. Aber er weiß, daß er nicht an Totenberge, sondern an seinen schwierigen Auftrag zu denken hat. Die Schloßhalle von Montmort ist ein düster-historischer Raum mit schweren Renaissancemöbeln und Ahnenbildern an den Wänden. Hentsch ist sichtlich erleichtert, als man ihm mitteilt, daß der Armeebefehlshaber, Generaloberst v. Bülow, auf einer Inspektionsfahrt an der Front weilt. Der Preuße Bülow, von dem man sagt »scharf wie gehacktes Eisen«, ist allseits gefürchtet. Seinen Stabschef v. Lauenstein hält Hentsch dagegen für einen »vernünftigen Mann«, wie er überhaupt der Meinung ist, alle Generalstäbler seien vernünftige Leute: Leute, die aus der »großen Bude« des Generalstabs kommen, mit denen man nicht viele Worte machen muß, weil alle in der gleichen Lage das gleiche denken. Eben Stäbler unter sich.

HENTSCH *(in aufgeräumter Stimmung)*
Also, wie steht's bei Ihnen?

LAUENSTEIN *(antwortet im saloppen Potsdamer Kasinoton)*
Beschissen!

HENTSCH Hätt' ich mir fast gedacht. *(kurzes Lächeln des Einverständnisses bei beiden, dann beide sofort wieder ernst)* Der rechte Flügel, nicht wahr?

LAUENSTEIN Was sonst? *(Geste an der Karte)* Hier, schauen Sie her. Von Montmirail westwärts 30 km weit nichts. Nur Feind! Zwei französische, drei englische Korps. Die Engländer sind noch ein bißchen zurück; aber die Franzosen hängen schon in unserer Flanke wie die Wildkatzen.

HENTSCH Ja, und verlängern können Sie nicht?

LAUENSTEIN *(ärgerlich)*
Womit denn bitte? Wir haben keine Reserven! Wir können nur zurückbiegen und beten, daß wir nicht überflügelt werden. Wir beten schon Tag und Nacht.

HENTSCH *(nach einer Weile nachdenklich)*
Wird auf einen strategischen Rückzug hinauslaufen . . .

LAUENSTEIN *(unterbricht ihn)*
Ich versuch's dem Alten schon den ganzen Tag beizubringen. Aber der alte Herr will nicht. Er will nicht das Karnickel sein! Und kann man's ihm verdenken? *(redet sich in Rage)* Kluck hat's eingebrockt, Kluck soll's auslöffeln. Und hat auch allen Grund dazu. *Wir* halten ja gerade noch, wenigstens heute noch. Flankenbedrohung, na ja. Aber die 1. Armee ist ja schon bis an die Ohren im Wurstkessel. Eine Strategie ist das! Rin in die Kartoffeln, raus aus die Kartof-

feln! Erst uns direkt vor die Füße gelaufen, daß wir uns nicht mehr rühren können, und dann uns total im Stich gelassen. Alles rechts-umkehrt und Abmarsch in den Wurstkessel! Und das allerschönste ist: Klucks halbe Armee ist weder hier noch da, mitten in der Schlacht weg, irgendwo unterwegs, nun schon den zweiten Tag. Eine Strategie ist das, zum Haareausraufen!

Ein Ordonnanzoffizier reißt die Tür auf: »Der Herr Generaloberst von der Truppe zurück!« Und schon rauscht Bülow mit Gefolge herein. Die Atmosphäre wandelt sich schlagartig. Bülow wirkt massig, überlegen und einschüchternd, selbst wenn er leutselig ist. Man merkt das an der Reaktion Lauensteins, der seine Vertraulichkeit mit Hentsch sofort aufgibt.

BÜLOW *(mit dröhnendem Baß)*
Na, Lauenstein. Besuch? Habe schon gehört, ein Herr von der Obersten Heeresleitung. *(fixiert Hentsch)* Was bringt er uns denn Schönes?

HENTSCH *(nimmt straffe Haltung an)*
Bitte mich zur Stelle melden zu dürfen, Exzellenz! Oberstleutnant Hentsch von der Obersten Heeresleitung. Habe Auftrag, OHL über Lage bei den Armeen zu informieren und etwa erforderliche strategische Bewegungen koordinieren zu helfen.

BÜLOW *(sarkastisch)*
Freut mich, daß sich die Oberste Heeresleitung auch einmal um die Front kümmert. *(gibt einer Ordonnanz Mütze und Handschuhe)* Ja, ein

hübscher Erfolg heute früh am linken Flügel. Und eine Lehre für uns alle. *(wendet sich abrupt zu seinem Stab um)* Auch für Sie, meine Herren! Hier haben Elemente von zwei Armeen zusammengewirkt, als ob sie zur selben Armee gehörten. Die preußische Garde und die Sachsen. Wie 1870 bei Saint-Privat. Ein Beispiel und eine Lehre für uns alle! Was hat der selige Graf Schlieffen immer gesagt? *(blickt sich fordernd im Kreise um)* Na, was?

Da keiner der Offiziere zu antworten wagt, entsteht eine peinliche Stille. Generaloberst v. Bülow, die Hände auf dem Rücken, geht ein paar Schritte auf und ab, bleibt schließlich in der Mitte des Raumes stehen. Er beherrscht völlig die Szene, hält Kolleg.

BÜLOW »Augen links und Fühlung rechts!« Das hat er gesagt. Den Armeeführern hat er nach den Manövern zugerufen, mehr als einmal: »Wollen Sie nicht erst einmal Ihre Leute ausrichten?« Wie bei einer Kompanieübung müsse der Angriffsflügel vorgehen: Augen links und Fühlung rechts, Schulter an Schulter, eine unzerreißbare Phalanx, wie eine Kompanieübung, jede Armee in ihrem Gefechtsstreifen, jedes Korps und jede Division, jedes Bataillon, alles auf Tuchfühlung. Augen links und Fühlung rechts . . . Jawohl, das hat er gesagt! Und was hat er auf seinem Totenbett gesagt? *(blickt sich um, keiner wagt zu antworten)* Kommen Sie mir jetzt nicht mit dem rechten Flügel; das weiß jedes Kind. Nein, ich will Ihnen verraten, was der selige Graf Schlieffen auf seinem Totenbett wirklich gesagt hat. »Ich fürchte«, hat er gesagt, »ich fürchte, die operative Unerfahrenheit unserer höheren Führer wird mal in ein wüstes Jagen um den Pour le mérite ausarten.« Das hat er gesagt, und genau das ist geschehen! Das ist bei der 1. Armee geschehen. »Ein wüstes Jagen um den Pour le mérite«. Man kann es nicht besser sagen! Prophetische Worte.

Alles schweigt. Hentsch möchte das Stichwort aufgreifen, um zur Sache zu kommen. Er schluckt ein paarmal, faßt sich dann ein Herz.

HENTSCH Prophetische Worte, in der Tat, Exzellenz. Auch in der OHL ist man überzeugt, daß der Führung der 1. Armee bedauerliche Eigenmächtigkeiten unterlaufen sind. Es gilt jetzt, den Folgen rechtzeitig zuvorzukommen.

BÜLOW *(aggressiv)*
Bedauerliche Eigenmächtigkeiten? So kann man es auch nennen. Wissen Sie, wie ich es nenne? Wissen Sie, wie ich es nenne, Herr Oberstleutnant Hentsch? *(da Hentsch eingeschüchtert wartet)* Die Sünde wider den Heiligen Geist. Die Sünde, die nicht vergeben wird! So nenne ich das, was der Generaloberst von Kluck nun schon zum zweiten Mal begangen hat, seit er meinem Oberbefehl entzogen worden ist. Und warum nenne ich es so? Was ist der Heilige Geist, dem wir dienen, der Geist Moltkes und Schlieffens? Was ist das Geheimnis unserer Erfolge? Was macht die preußische Armee jeder anderen Armee überlegen? – Ich will es Ihnen sagen. Nicht überlegene Tapferkeit. Die Franzosen, auch die Russen, auch die Engländer, sind genauso tapfer wie

unsere Leute. Nicht überlegene Waffen. Die Engländer haben sogar das bessere Infanteriegewehr. Was ist es? Nun? Ordnung ist es, überlegene Ordnung! Ordnung und Methode! Augen links und Fühlung rechts! Das ist es, was wir haben und was die anderen nicht haben! Das ist der Heilige Geist, der Schlachten gewinnt!

Nach dieser eindrucksvollen Szene läßt Generaloberst v. Bülow sich dazu herbei, mit Oberstleutnant Hentsch und seinem Stabschef v. Lauenstein ein Gespräch unter sechs Augen zu führen. Beide versuchen ihm klarzumachen, daß sich der Feind, vor allem die britische Expeditionsarmee, langsam in den Rücken von Bülows Zentrum schiebt, das immer noch Richtung Süden kämpft. Es sei unvermeidlich, daß die 2. Armee zusammengedrängt würde, wenn sie nicht rechtzeitig ihren Frontverlauf zurückverlege. Aber Bülow weigert sich, mit seiner Armee zurückzugehen. Im Grunde sieht er alles ein, was Hentsch und Lauenstein ihm vortragen – doch warum soll gerade er, Bülow, den Anfang mit dem Rückzug machen? Kluck soll das gefälligst tun; der hat es nötiger, und außerdem ist er an allem schuld. Nein, nein, nichts zu machen: die 2. Armee würde nicht mit dem Rückzug beginnen.

Hentsch bleibt über Nacht, und die ganze Sache wird auf Mittwoch früh vertagt. Doch auch da wieder keine Entscheidung, bis dann eine Nachricht eintrifft, die alles ändert: »Die Briten haben an zwei Stellen die Marne überschritten!« Jetzt sieht auch Bülow ein, daß Gefahr im Verzug ist. Die Engländer nördlich der Marne und die 2. Armee noch weit südlich des Flusses – das geht nicht, das bedeutet höchste Alarmstufe! Ein Rückzug ist gewiß nichts Angenehmes, aber ein rechtzeitiger Rückzug ist besser als eine militärische Katastrophe. Und so gibt Generaloberst v. Bülow seiner 2. Armee die Rückzugsbefehle.

Zur selben Zeit an diesem schicksalsschweren Mittwoch, dem 9. September, trifft der Oberstleutnant Hentsch staubbedeckt beim Hauptquartier der 1. Armee ein: in Mareuil. Klucks Verbände befinden sich in vollem Gegenangriff auf die 6. Armee Maunourys. Überall marschierende feldgraue Truppen, schrille Kommandos, hupende Stabswagen, ferner Kanonendonner, gelegentlich nähere Einschläge. Hentsch sieht auf der Dorfstraße den Generalmajor v. Kuhl und eilt auf ihn zu.

KUHL *(begrüßt ihn jovial)*
Das ist doch – das ist doch schon wieder der liebe Hentsch! Wo kommen Sie denn her? Haben uns doch gerade erst Sonnabend gesehen . . .

HENTSCH *(salutiert)*
Gut, daß ich Sie endlich finde, Herr General! Habe schon überall nach Ihnen herumgefragt.

KUHL *(lacht gemütlich)*
Ganze Masse passiert seit Sonnabend, was? Damals sagten Sie noch, ich könnte mich in aller Ruhe rückwärts staffeln. Hat sich was mit der Ruhe! Aber rückwärts gestaffelt sind wir ja nun. Seid Ihr jetzt mit uns zufrieden?

HENTSCH Herr General, Sie sind in großer Gefahr! Die Engländer sind seit heute früh in Ihrem Rücken über die Marne. In Ihrer Etappe sieht es fürchterlich aus.

KUHL *(ironisch)*
Ach, man merkt, Sie kommen von Bülow. »Heilige Ordnung«, nicht wahr? Das regt uns hier nicht auf. Bei uns steht's glänzend. Endlich! Die letzten Tage waren nicht leicht, Hentsch. Bis gestern haben wir hier um unser

Leben gekämpft. Gestern abend hätten französische Reiter beinahe das ganze Armeeoberkommando ausgehoben, als wir hierher auf dem Umzug waren. Kitzlige Situation! Aber da hätten Sie Kluck sehen sollen! In solchen Lagen ist er einzig. Dienstpistolen gezogen und Schützenlinie formiert – wie ein Leutnant im Manöver. Na, heute wird uns das nicht wieder passieren! Jetzt haben wir endlich das III. und IX. Korps in der Linie, und jetzt wird Maunoury sein blaues Wunder erleben. Wir greifen an, und wie! Heute abend sind wir in Dammartin, und damit ist die Sache ausgestanden. Von jetzt an kann uns Maunoury am Arsch lecken! Er wird froh sein, wenn er sich noch ein paar Tage an Paris klammern kann.

HENTSCH *(beinahe atemlos)*
Sie wissen nicht, was Sie reden! Sicher können Sie Maunoury schlagen, und dann? Was passiert dann? Dann werden Sie zwischen Maunoury und den Engländern zerquetscht! Jawohl, zerquetscht! Eingekesselt wie Samsonow bei Tannenberg! Gucken Sie sich doch mal einen Moment um! In Ihrem Rücken kommen drei englische Korps auf Sie zu! Sie wühlen ja schon in Ihrer Etappe herum! Ich bin ja schon kaum mehr zu Ihnen durchgekommen! Sie sind abgeschnitten! Verstehen Sie das doch!

KUHL *(winkt ab)*
Regen Sie sich nicht auf, Hentsch! Aufregung ist schädlich für den Kreislauf. Die Engländer nehm' ich nicht tragisch. Das sind vorsichtige Leute. Dies ist nicht ihr Land, und dies ist

nicht ihr Krieg. Die werden sich's dreimal überlegen, ehe sie ihren Kopf zwischen Bülow und mir in ein Loch stecken.

HENTSCH *(ungeduldig)*
Sie sind ja schon mitten drin: zwischen Bülow und Ihnen! Sie sind ja schon nördlich der Marne und Bülow immer noch weit südlich der Marne, begreifen Sie das doch endlich! Sie machen Ihnen ja schon Ihren ganzen Nachschub kaputt! Schon morgen wird's bei Ihnen mit der Munition hapern, wenn Sie hierbleiben. Und übermorgen werden Sie plötzlich Kanonendonner hinter sich hören – wie Napoleon bei Waterloo, wie Benedek bei Königgrätz! Sie müssen hier weg, und zwar schleunigst . . .

KUHL Erst will ich meinen Sieg haben! So lange kann Bülow sich um die Engländer kümmern.

HENTSCH Aber Bülow geht doch schon zurück! Wissen Sie das denn nicht? Der Funkspruch müßte längst hier sein . . .

KUHL *(gleichmütig)*
Ja, seine rechte Flügeldivision ist gestern abend zurückgenommen worden. Das wissen wir.

HENTSCH Die 13. Division ist nicht zurück*genommen*, sie ist zurück*geworfen* worden! Das habe ich selbst miterlebt, gestern abend. Die ist doch nur noch Schlacke! Aber darum handelt es sich längst nicht mehr. Die Engländer sind bereits nördlich der Marne! Herr General, Sie müssen unbedingt zurück und den Anschluß an die

2. Armee finden! *(nimmt die Mütze ab und wischt sich den Schweiß von der Stirn)* Seit heute geht die ganze 2. Armee zurück. Die Befehle sind heute früh rausgegangen, die Bewegungen müssen jetzt schon in vollem Gange sein. Und Sie müssen auch zurück! Darum handelt es sich jetzt, darum bin ich hier. Sie müssen aus der Falle raus, in der Sie sitzen, verstehen Sie mich? Und Sie haben keine Zeit zu verlieren! Glauben Sie mir.

KUHL *(nun doch betroffen)*
Ja, wenn Bülow zurückgeht, dann können wir hier natürlich auch nicht bleiben. Dann muß ich sofort mit Kluck sprechen. *(packt Hentsch am Arm)* Kommen Sie mit! Wir können das nicht hier auf der Straße abmachen. Sie sind ein Unglücksrabe, Hentsch!

Ein paar Stunden später, am Nachmittag des 9. September 1914, trat die 1. Armee des Generalobersten v. Kluck ihren Rückzug an. Damit war alles entschieden: die Schlacht an der Marne abgebrochen – die französische 6. Armee vor einer Niederlage bewahrt – die deutsche 1. Armee vor der Einkesselung gerettet – und der Feldzug der deutschen OHL gescheitert. Aus dem beabsichtigten Blitzkrieg wurden vier Jahre Stellungskrieg: vom Herbst 1914 bis zum Herbst 1918.

Epilog

Die Schlacht an der Marne, die eigentlich gar nicht richtig stattgefunden hat, weil sie abgebrochen wurde, ehe sie ihren Höhepunkt erreichte, erschien im nachhinein den einen, den Alliierten, als »Marne-Wunder«, den anderen, den Deutschen, als »Marne-Drama«. Im Westen empfand man sie als wunderbaren Sieg, in Deutschland als bittere Niederlage.

Das Reizvolle an der Sache ist, daß bis heute gar nicht feststeht, wer damals an der Marne recht eigentlich der Sieger und wer der Besiegte war! Nach allgemeiner Auffassung hatte der bullige, unerschütterliche Joffre gesiegt, und der sensible, kränkelnde Moltke war auf tragische Weise unterlegen. Und auf den ersten Blick sieht es ja auch so aus: Die große Umfassung, das gigantische »Cannae«, das die deutsche Führung den westlichen Alliierten zu bereiten gedachte, mißlang und endete mit einem Rückzug der deutschen Flügelarmeen. Aber mit demselben Recht kann man sagen, daß es Moltke war, der die strategischen Pläne Joffres und Berthelots, die dem deutschen Gegner zwischen Verdun und Paris ein Riesen-Cannae bereiten wollten, mit seinem rechtzeitigen Rückzug zuschanden machte und damit das deutsche Westheer vor einem Debakel rettete.

In der Tat spricht einiges für die zweite Überlegung, und es ist schon seltsam, daß die deutsche Fachkritik – offensichtlich gänzlich auf Offensivdenken fixiert – die Sache niemals unter diesem Gesichtswinkel betrachtet hat. Wenn man aber Zahlen sprechen läßt, ergibt sich folgendes Bild: Bei Beginn der Operationen standen auf dem rechten Flügel 358 deutsche Bataillone 257 französischen und englischen gegenüber. Bei Ausbruch der Marneschlacht dagegen waren die Alliierten auf diesem Heeresflügel um fast 200 Bataillone und 190 Batterien überlegen. So sehr hatte sich in fünf Wochen das Kräfteverhältnis zuungunsten der deutschen Seite verschoben! Bei voller Würdigung der außerordentlichen Tapferkeit des deutschen Soldaten ist doch kaum anzunehmen, daß sich bei einer derartigen personellen und materiellen Unterlegenheit eine eklatante Niederlage an der Marne hätte vermeiden lassen. Nachdem sich aber die deutschen Armeen auf

Moltkes Befehl 50 Kilometer nach Norden abgesetzt und zwei Armeekorps zur Verstärkung erhalten hatten, scheiterten sämtliche alliierten Durchbruchsversuche an der zurückgenommenen deutschen Abwehrfront. Daß die deutschen Armeen dem »Sack« Joffres zwischen Verdun und Paris im letzten Moment entschlüpften, kann man auch ein »Wunder an der Marne« nennen.

Wie auch immer, zur Marneschlacht gab es eine Fülle von Nachworten: deutsche, englische, französische. Hören wir zuerst die deutsche Seite mit dem Stabschef der 1. Armee, Generalmajor v. Kuhl, und dem Chef der Obersten Heeresleitung, Generaloberst v. Moltke. Wir lassen sie reden, wie sie nach der Schlacht gedacht haben.

KUHL Für die 1. Armee war die Marneschlacht ein tragisch verschenkter Sieg! Ich kenne die Gegenargumente: Was – so hat man gefragt – hätte ein Sieg der 1. Armee an der Pariser Front genützt, angesichts der bedrängten Lage der 2. Armee, angesichts der Lücke, angesichts der englischen Drohung im Rücken der 1. Armee? Gemach, ein Sieg nützt immer etwas! Und ein Sieg an entscheidender Stelle, unmittelbar vor den Toren von Paris, mit der Folge neuer Gefahr für Paris selbst – dadurch hätten sich Joffre und French in ihren Operationen nicht stören lassen sollen?

Man darf nicht immer nur fragen: Was macht der Feind, was hat er vor, was könnte mir der Feind um Gottes willen morgen antun? So gewinnt man keine Kriege! Krieg ist keine Exerzierübung, wie der alte Bülow meinte, und auch kein Schachspiel, wie Moltke dachte. Krieg ist Willenssache. Der stärkere Wille siegt! Siegen heißt, den eigenen Willen durchsetzen und den Willen des Feindes brechen, mindestens ihn erschüttern, ihn wankend machen. Gewankt hat der Wille während der Marneschlacht aber bei Moltke, Bülow und Hentsch! Das war unsere Tragödie.

Bülow hat Schlieffen zitiert. Das haben wir damals alle getan. Manchmal zuviel. Aber das beste Schlieffen-Wort, das Bülow nicht zitiert hat, heißt: »Nicht der Wunsch, nicht geschlagen zu werden, sondern das brennende Verlangen, den Feind zu schlagen, muß die Entschließungen bestimmen!« Das war die Devise der 1. Armee. Leider nur der 1. Armee! Alle anderen haben immer nur ängstlich gewünscht, nicht geschlagen zu werden. Das hat uns den Sieg gekostet.

Sind wir denn einfach zu unserem Vergnügen in Gewaltmärschen über die Marne gegangen? Oder bloß aus Daffke gegen die Oberste Heeresleitung? Nein, sondern weil versucht werden mußte, aus Bülows »ordinairem« Sieg über die französische 5. Armee ein »Cannae« oder »Tannenberg« zu machen, die 5. Armee auf ihrem Rückzug zu überholen, ihr die Flanke abzugewinnen, sie einzukesseln und zu vernichten. Gut, das ist nicht gelungen; aber versuchen mußten wir es.

Und nun kommt plötzlich der Stoß von Gallieni und Maunoury! Der Stoß gegen unsere eigene Flanke aus Paris. Auf den hatte Joffre seine ganze Hoffnung gesetzt: auf den und nicht auf die Engländer, diese unsicheren Kantonisten.

Also mußte der zunichte gemacht werden! Ist das so schwer zu begreifen? Wir jedenfalls haben es begriffen, wir haben unsere ganze Kraft darauf konzentriert. Und am Mittwoch, dem 9. September, waren wir so weit, da taumelte Maunoury schon zurück! Als die 1. Armee im Begriff war, einen großen Sieg zu erringen, da wurde ihr der Rückzug befohlen.

Wie gesagt: Für die 1. Armee war die Marneschlacht ein tragisch verschenkter Sieg – und wird es immer bleiben.

So weit der Generalmajor v. Kuhl, der nach dem Krieg zahlreiche Bücher und Denkschriften verfaßt hat. Von seinem Versuch, die Führung der 1. Armee während der Marneschlacht zu rechtfertigen, hat er nie abgelassen. Traurig und bitter-unglücklich klingt dagegen das Schlußwort des Generalobersten v. Moltke, dem der Verlust der Schlacht von allen Seiten angekreidet wurde.

MOLTKE Am 11. und 12. September war ich bei meinen Armeen. Ich wollte die 3. Armee gerne stehenlassen. Ebenso die 4. und 5. Wie ich aber zur 3. Armee kam, erklärte mir der General v. Hausen, er könne die ihm zugewiesene Linie mit seinen Sachsen nicht halten, seine Truppen seien nicht mehr leistungsfähig. Ich war daher gezwungen, der 3. Armee eine kürzere und weiter zurückliegende Linie zuzuweisen. Gleichzeitig mußte ich aber die 4. und 5. Armee zurücknehmen, um wieder eine geschlossene Front herzustellen. Ich mußte den entsprechenden Befehl sofort an Ort und Stelle ausgeben, auf meine eigene Verantwortung hin, ohne das Einverständnis Seiner Majestät vorher einholen zu können. Es war der schwerste Entschluß meines Lebens, der mich mein Herzblut gekostet hat.

Am 13. September meldete ich dem Kaiser das, was ich angeordnet hatte, und begründete es. Der Kaiser war zwar nicht ungnädig, aber ich hatte den Eindruck, daß er von der Notwendigkeit des Rückzuges nicht ganz überzeugt war.

Am 14. September erschien der Chef des kaiserlichen Militärkabinetts bei mir im Büro: Der Kaiser ließe mir sagen, er habe den Eindruck, daß ich zu krank sei, um die Operationen weiter leiten zu können. Seine Majestät hätten befohlen, ich solle mich krankmelden und nach Berlin zurückfahren. General v. Falkenhayn solle die Operationen übernehmen.

Ich bin dann mit Falkenhayn zum Kaiser gegangen und habe ihm gesagt, es werde in der Armee und im Ausland keinen guten Eindruck machen, wenn ich unmittelbar nach dem Rückzug fortgeschickt würde. General v. Falkenhayn trat dieser Ansicht bei. Der Kaiser meinte darauf, Falkenhayn solle als Oberquartiermeister fungieren und ich »pro forma« bleiben. Falkenhayn erklärte, er könne die Operationen nur übernehmen, wenn er völlig freie Hand habe. Ich konnte dies nur anerkennen.

So blieb ich im Hauptquartier, während mir alles aus der Hand genommen wurde und ich, ohne den geringsten Einfluß, als Zuschauer dabeistand . . . Ich habe das Martyrium auf mich genommen und die weiteren Operationen mit meinem Namen gedeckt, des Landes wegen ...

Das war das Ende der militärischen Laufbahn des Generalobersten v. Moltke. Das Nachwort der Engländer zur Marneschlacht hat kein geringerer als Winston Churchill geschrieben, der damals – 1914 – britischer Marineminister war.

CHURCHILL Der Vormarsch der britischen Armee war nicht übermäßig kraftvoll; aber er war entscheidend. Vor dem allgemeinen deutschen Rückzug überschritt nur eine alliierte Armee die Marne: die britische. Sie war die einzige alliierte Armee, die vorankam. Man kann wahrheitsgetreu sagen, daß die Franzosen auf der ganzen Front von Paris bis Verdun während der Marneschlacht überhaupt keine nennenswerten Fortschritte erzielten. An einigen Stellen waren sie sogar zurückgeworfen worden. Die Briten aber gewannen in drei Tagen mehr als 70 Kilometer. Es ist wahr: Sie hatten nur einen Kavallerieschleier und schwache zusammengewürfelte Infanteriekräfte vor sich, in der schicksalhaften Lücke. Das ändert jedoch nichts an der Tatsache, daß sie es waren, die den Entscheidungsstoß führten – den Stoß in die Leber der Deutschen!

So sah es Churchill. Aber auch das ist eine Tatsache, daß es zu diesem Entscheidungsstoß nie gekommen wäre, wenn nicht Joffre seinen englischen Kollegen French im letzten Moment am Portepee gepackt hätte. Er, Joffre, soll das letzte Wort haben. Die Szene spielt im französischen Hauptquartier zwischen Generalissimus Joffre und seinen Mitarbeitern, den Generälen Berthelot und Belin und anderen Stabsoffizieren. Das Datum: 12. September 1914.

General Joffre im Gespräch mit französischen Soldaten

JOFFRE Meine Herren, die Deutschen sind nun auf der ganzen Linie im Zurückgehen. Die Schlacht ist gewonnen. Sie hat noch keinen Namen. Traditionellerweise tauft sie der Sieger. Wie soll sie heißen? – Vorschläge!

BERTHELOT *(nach einer Pause)*
Wie wär's mit der neuen Schlacht auf den katalaunischen Gefilden?

JOFFRE Versteht kein Mensch.

BERTHELOT Aber man kann es den Menschen erklären. Hier ist ein zweiter Attila an Frankreich gescheitert.

JOFFRE *(winkt ab)*
Ach, Berthelot, ein zweiter Attila ... Das sind Phrasen! Und ist er schon gescheitert? – Andere Vorschläge.

BELIN Die Schlacht von Paris–Verdun. Das waren die Endpunkte. Das ist streng sachlich.

JOFFRE Paris–Verdun? Klingt nach Expreßzug ...

GAMELIN *(schüchtern)*
Die Schlacht an der Marne?

JOFFRE Wer war das? Gamelin? Das ist gut! Zur Belohnung dürfen Sie das Kommuniqué aufsetzen. Schreiben Sie, Gamelin! Überschrift: »Die Schlacht an der Marne« ...

Genug. Das Drama ist zu Ende. Der Vorhang kann fallen. Gedenken wir derjenigen, die auf den Schlachtfeldern an der Marne blieben.

Anhang

Die Beteiligten der Handlung

Die Befehlsgliederungen

Deutschland

Oberste Heeresleitung (OHL)
Kaiser Wilhelm II.
Chef des Generalstabes des Feldheeres: Generaloberst von Moltke
Chef der Operationsabteilung: Generalmajor von Tappen
Chef der Abteilung Fremde Heere: Oberstleutnant Hentsch

1. Armee
Oberbefehlshaber: Generaloberst von Kluck
Chef des Generalstabes: Generalmajor von Kuhl

2. Armee
Oberbefehlshaber: Generaloberst von Bülow
Chef des Generalstabes: Generalleutnant von Lauenstein

3. Armee
Oberbefehlshaber: Generaloberst Freiherr von Hausen
Chef des Generalstabes: Generalmajor von Hoeppner

Frankreich	*Grand Quartier Général – Großes Hauptquartier* Generalissimus: General Joffre Chef des Stabes: General Belin Stellvertretender Stabschef: General Berthelot Stabsoffizier: Oberst Alexandre Stabsoffizier: Major Gamelin
	Gouvernement militaire de Paris Gouverneur: General Gallieni Chef des Stabes: General Clergerie
	5. Armee Oberbefehlshaber: zuerst General Lanrezac; später General Franchet d'Esperey
	6. Armee Oberbefehlshaber: General Maunoury
Großbritannien	*Britische Expeditionsarmee* Oberbefehlshaber: Feldmarschall Sir French Chef des Stabes: General Sir Murray Stellvertretender Stabschef: General Sir Wilson

Kaiser Wilhelm II.

Reichskanzler von Bethmann Hollweg

Generaloberst von Moltke

Generaloberst von Kluck

Generaloberst von Bülow

Generaloberst Freiherr von Hausen

General Joffre

General Gallieni

Feldmarschall Sir French

General Sir Wilson

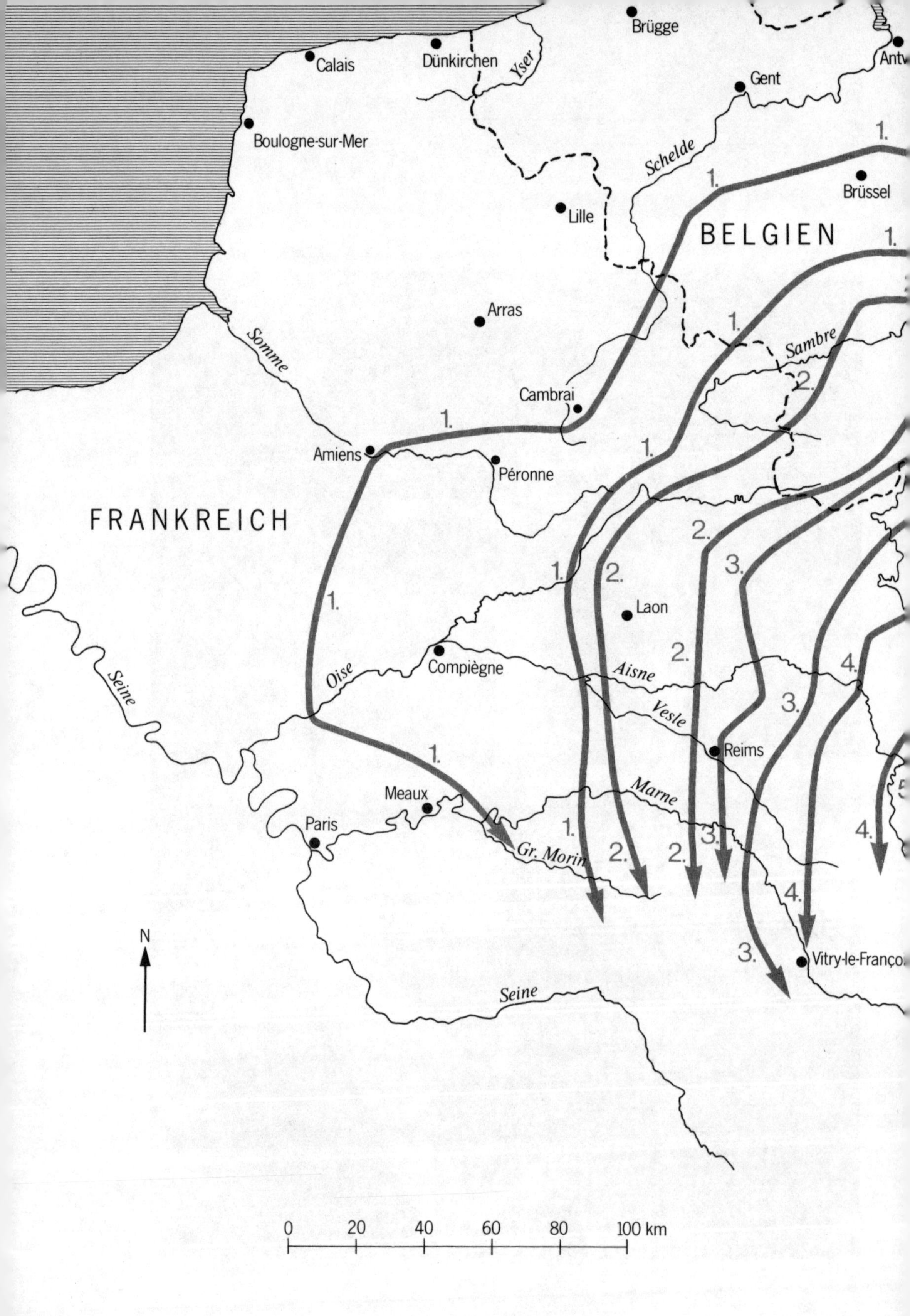

Brügge
Antw
Calais
Dünkirchen
Yser
Gent
Boulogne-sur-Mer
Schelde
Brüssel
Lille
BELGIEN
Arras
Sambre
Somme
Cambrai
Amiens
Péronne
FRANKREICH
Laon
Compiègne
Oise
Aisne
Vesle
Seine
Reims
Marne
Meaux
Paris
Gr. Morin
Vitry-le-Franço
Seine
N
0
20
40
60
80
100 km
1.
2.
3.
4.
5

Aufmarsch- und Vormarschräume der deutschen Westarmeen

August/September 1914

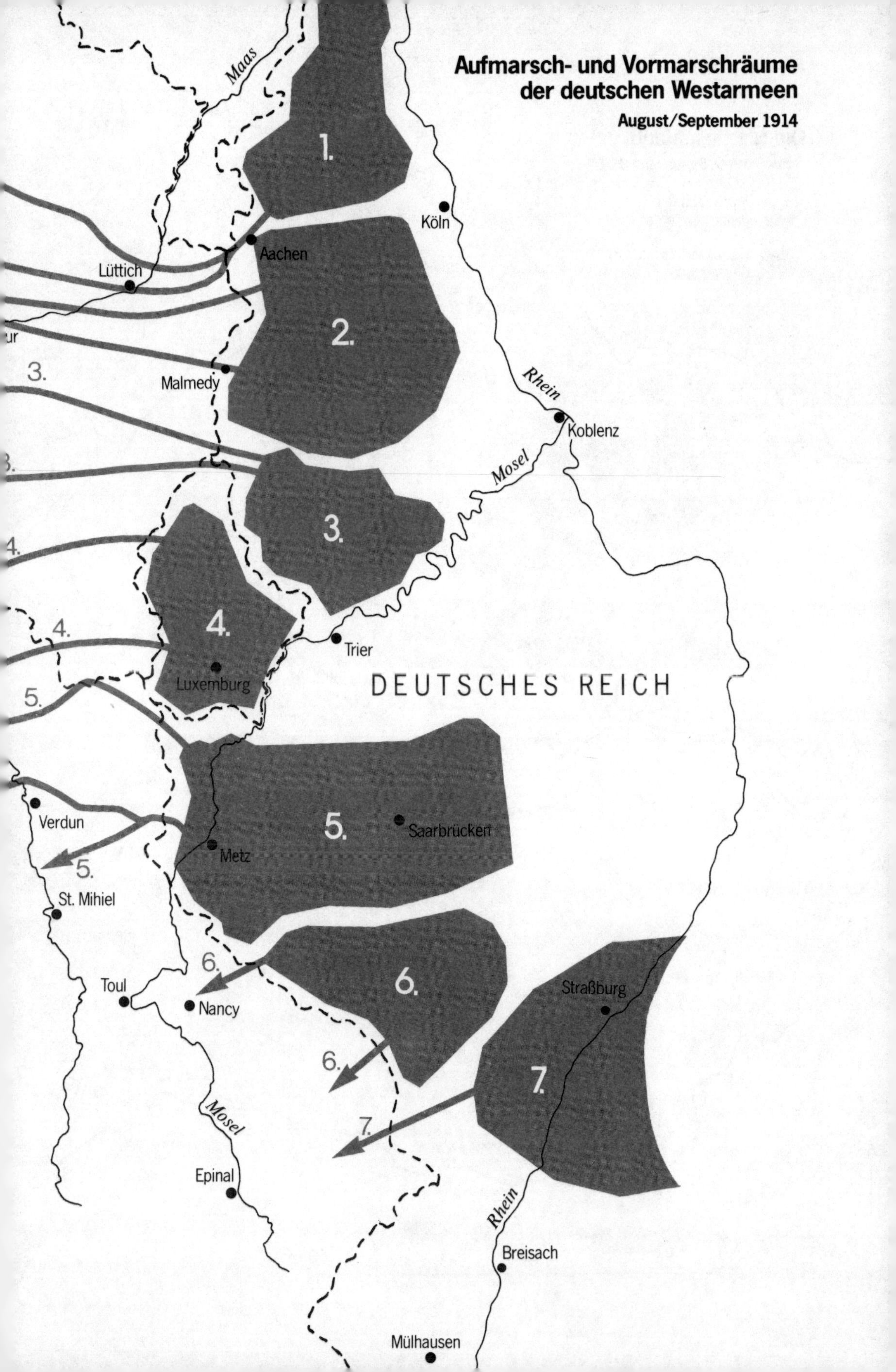

Die Marneschlacht
Stand vom 9. September 1914
Vormarsch der deutschen Armeen
Französisch-britischer Gegenangriff
La Fère
Oise
Laon
Compiègne
Aisne
Oise
1.
Vesle
Ourcq
Ardres
2.
Château-Thierry
Dormans
Meaux
Paris
Marne
Crécy
Pt. Morin
Montmirail
6.
Gr. Morin
Seine
Sézanne
E.
5.
N
0
25
50 km
Seine

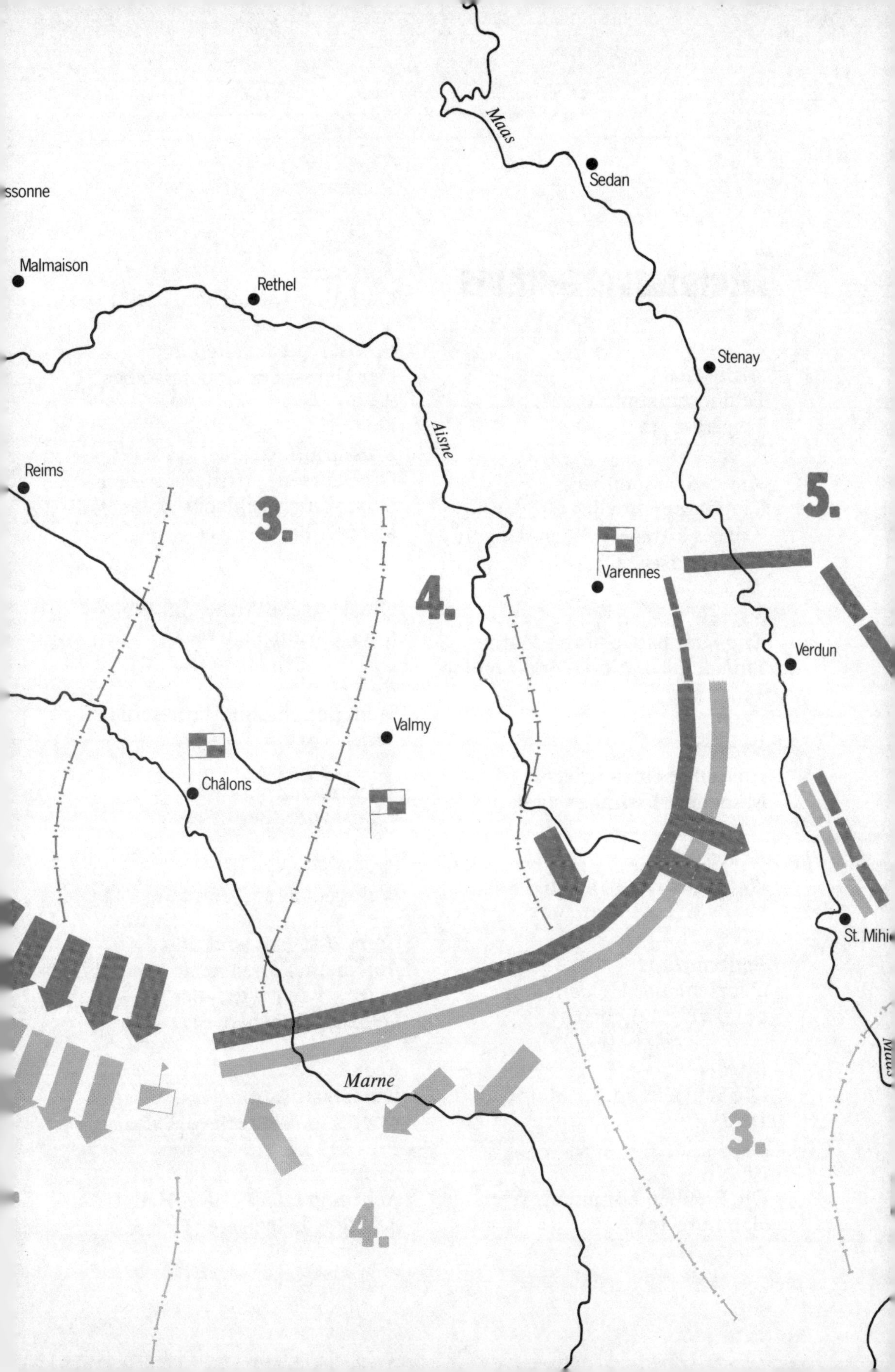

ssonne
Malmaison
Rethel
Maas
Sedan
Stenay
Aisne
Reims
3.
4.
5.
Varennes
Verdun
Valmy
Châlons
St. Mihi
Marne
3.
4.

Literaturverzeichnis

Arminius
Feldherrenköpfe 1914/1918; Leipzig 1932

Arz v. Straußenberg
Zur Geschichte des Großen Krieges 1914–18; Wien–Leipzig–München 1924

Asprey
The First Battle of the Marne; Philadelphia–New York–London 1962

Barnett
Anatomie eines Krieges; München–Esslingen 1963

Bauer
Der große Krieg in Feld und Heimat; Tübingen 1921

Bernhardi, v.
Deutschlands Heldenkampf 1914–18; München 1922

Bircher
Die Schlacht an der Marne; Bern 1918

Blond
Die Preußen kommen!; Wien–Hamburg 1964

Boetticher, v.
Graf Alfred Schlieffen; Berlin 1933

Bronsart v. Schellendorf
Der Dienst des Generalstabes; Berlin 1905

Bruchmüller
Die deutsche Artillerie in den Durchbruchsschlachten des Weltkrieges; Berlin 1921

Buat
Die deutsche Armee im Weltkriege; München 1921

Bülow, v.
Mein Bericht zur Marneschlacht; Berlin 1919

Caemmerer, v.
Clausewitz; Berlin 1905

Cochenhausen, v.
Wehrgedanken; Hamburg 1933

Conrad v. Hötzendorf
Aus meiner Dienstzeit 1906 bis 1918, 5 Bde.; Wien–Berlin–Leipzig–München 1921–25

Cron
Die Organisation des deutschen Heeres im Weltkriege; Berlin 1923

Crone
Achtung! Hier Großes Hauptquartier; Leipzig 1935

Czech-Jochberg
Die Verantwortlichen im Weltkrieg; Leipzig 1932

Delbrück
Geschichte der Kriegskunst im Rahmen der politischen Geschichte, 4 Bde.; Berlin 1900 bis 1920

Demeter
Das deutsche Offizierskorps in seinen historisch-soziologischen Grundlagen; Berlin 1930

Desmazes
Joffre; Paris 1955

Dix
Wirtschaftskrieg und Kriegswirtschaft; Berlin 1920

Edwards
A Short History of World War I.; London–New York–Toronto 1951

Einem, v.
Ein Armeeführer erlebt den Weltkrieg, hrsg. v. J. Alter; Leipzig 1938

Eisenhardt-Rothe, v.
Wege zum Siege; Wissen u. Wehr, Jg. 1940, 9. Heft

Elze
Graf Schlieffen; Breslau 1928

Elze
Der strategische Aufbau des Weltkrieges; Berlin 1933

Elze
Clausewitz; Berlin 1939

Erfurth
Die Verteidigung im Landkriege; Militw. Rundschau, Jg. 1936, 5. Heft

Erfurth
Die Überraschung im Kriege; Militw. Rundschau, Jg. 1937, 6. Heft, Jg. 1938, 1.–3. Heft

Erfurth
Der Vernichtungssieg; Berlin 1939

Falkenhayn, v.
Die OHL in ihren wichtigsten Entscheidungen 1914–1916; Berlin 1920

Falls
The Great War; New York 1959

Foch
Erinnerungen von der Marneschlacht bis zur Ruhr, niedergeschr. v. R. Recouly; Dresden o. J.

Foerster
Aus der Gedankenwerkstatt des deutschen Generalstabes; Berlin 1925

Foerster
Graf Schlieffen und der Weltkrieg; Berlin 1925

François, v.
Marneschlacht und Tannenberg; Berlin 1920

Frauenholz, v.
Überblick über die Geschichte des Weltkrieges; München–Berlin 1926

Frauenholz, v.
Deutsche Kriegs- und Heeresgeschichte; München 1927

Frauenholz, v.
Deutsche Kriegsgeschichte; Leipzig 1942/43

Frentz
Feldherren – Generäle – Könige; Berlin 1937

Freytag-Loringhoven, v.
Krieg und Politik in der Neuzeit; Berlin 1911

Freytag-Loringhoven, v.
Die Grundbedingungen des kriegerischen Erfolges; Berlin 1914

Freytag-Loringhoven, v.
Folgerungen aus dem Weltkrieg; Berlin 1917

Freytag-Loringhoven, v.
Politik und Kriegführung; Berlin 1918

Freytag-Loringhoven, v.
Heerführer im Weltkriege; Deutsche Rundschau 181 (1919), 182 (1920)

Freytag-Loringhoven, v.
Gfm. Graf Schlieffen und die Verwaltung seines geistigen Erbes im Weltkriege; Leipzig 1920

Freytag-Loringhoven, v.
Feldherrngröße; Berlin 1922

Fuller
Gedanken eines freimütigen Soldaten; Berlin 1937

Gallwitz, v.
Meine Führertätigkeit im Weltkrieg; Berlin 1929

Gehre
Die deutsche Kräfteverteilung während des Weltkrieges; Berlin 1928

Görlitz
Der deutsche Generalstab; Frankfurt/Main 1950

Groener
Politik und Kriegführung; Stuttgart 1920

Groener
Der Weltkrieg und seine Probleme; Berlin 1920

Groener
Das Testament des Grafen Schlieffen; Berlin 1929

Groener
Der Feldherr wider Willen; Berlin 1930

Haffner
Die sieben Todsünden des Deutschen Reiches im Ersten Weltkrieg; Bergisch Gladbach 1981

Haffner
Churchill; Hamburg 1967

Hausen, v.
Erinnerungen an den Marnefeldzug 1914; Loschwitz 1918/19

Heerführer
Heerführer des Weltkrieges, hrsg. v. d. Deutsch. Gesellschaft f. Wehrpolitik u. Wehrwissenschaft; Berlin 1939

Hentig, v.
Psychologische Strategie des großen Krieges; Heidelberg 1927

Hesse
Der Feldherr Psychologos; Berlin 1922

Hindenburg, v.
Aus meinem Leben; Leipzig 1920

Hoffmann
Der Krieg der versäumten Gelegenheiten; München 1923

Hoffmann
Aufzeichnungen, hrsg. v. K.-F. Nowak, 2 Bde.; Berlin 1929

Huber
Der Kampf um die Führung im Weltkrieg; Hamburg 1941

Immanuel
Siege und Niederlagen im Weltkriege; Berlin 1919

Jünger
In Stahlgewittern; Berlin 1925

Kabisch
Die Marneschlacht 1914; Berlin 1934

Kielmannsegg, v.
Deutschland und der Erste Weltkrieg; Frankfurt/Main 1968

Kluck, v.
Der Marsch auf Paris und die Marneschlacht 1914; Berlin 1920

Krafft v. Dellmensingen
Der Durchbruch; Hamburg 1937

Kranold
Deutsche Generale und Admirale in Kriegführung und Politik; Bremen 1924

Krauss
Die Ursachen unserer Niederlage; München 1923

Kuhl, v.
Der deutsche Generalstab in Vorbereitung und Durchführung des Weltkrieges; Berlin 1920

Kuhl, v.
Der Marnefeldzug 1914; Berlin 1921

Kuhl, v.
Französisch-englische Kritik des Weltkrieges; Berlin 1921

Kuhl, v.
Der Weltkrieg im Urteil unserer Feinde; Berlin 1922

Kuhl, v.
Der Krieg der versäumten Gelegenheiten; Preuss. Jb. 195 (1924)

Kuhl, v.
Der Weltkrieg 1914–1918, 2 Bde.; Berlin 1929

Lautermann
Studien zum Marnefeldzug und zur Marneschlacht 1914; Berlin 1933

Leppa
Moltke und Conrad; Stuttgart 1935

Liddell Hart
History of the World War 1914–1918; London 1934

Liddell Hart
Der Feldherr; München 1938

Linnebach
Deutsche Heeresgeschichte; Hamburg 1935

Loßberg, v.
Meine Tätigkeit im Weltkrieg 1914–18; Berlin 1939

Ludendorff
Meine Kriegserinnerungen 1914 bis 1918; Berlin 1919

Ludendorff
Das Marne-Drama; München 1934

Mackensen, v.
Briefe und Aufzeichnungen; Leipzig 1938

Marcks
Angriff und Verteidigung im Großen Kriege; Berlin 1924

Mette
Vom Geist deutscher Feldherren; Zürich 1938

Moltke, v.
Erinnerungen, Briefe, Dokumente 1877–1916; Stuttgart 1922

Moser, v.
Kurzer strategischer Überblick über den Weltkrieg; Berlin 1921

Moser, v.
Ernsthafte Plaudereien über den Weltkrieg; Stuttgart 1925

Moser, v.
Das militärisch und politisch Wichtigste vom Weltkrieg; Stuttgart 1927

Moser, v.
Die obersten Gewalten im Weltkrieg; Stuttgart 1931

Müller-Brandenburg
Von der Marne zur Marne; Berlin 1919

Müller-Brandenburg
Von Schlieffen bis Ludendorff; Leipzig 1925

Müller-Loebnitz
Graf Schlieffen und der Geist des deutschen Feldherrntums, Wissen u. Wehr, Jg. 1938, 11. Heft

Niemann
Kaiser und Heer; Berlin 1929

Oncken
Politik und Kriegführung; München 1928

Paléologue
Am Zarenhof während des Weltkrieges; München 1929

Paul
Entscheidung im September; Esslingen 1974

Pawlowski, v.
Heer und Völkerschicksal; München–Berlin 1936

Poll
Deutsches Schicksal 1914/18; Berlin 1937

Puaux
Foch.–Sa Vie.–Sa Doctrine.–Son Œuvre; Paris 1918

Rabenau, v.
Operative Entschlüsse gegen einen an Zahl überlegenen Gegner; Berlin 1935

Reichsarchiv
Der Weltkrieg 1914–1918, hrsg. v. Reichsarchiv, Reichskriegsministerium, Oberkommando des Heeres, 14 Bde.; Berlin 1925–1944

Renn
Krieg; Frankfurt 1928

Ritter
Kritik des Weltkrieges von einem Generalstäbler; Leipzig 1920

Rupprecht von Bayern, Kronprinz
Mein Kriegstagebuch, hrsg. v. E. v. Frauenholz; Berlin 1929

Schack, v.
Vergessene »Cannae«-Lehren; Deutsche Wehr 1937, Nr. 20

Schäfer, v.
Der Vernichtungsgedanke im Weltkrieg; R.D.O. 1937, Nr. 10

Schlieffen, v.
Benedeks Armeeführung; Vierteljahreshefte f. Truppenführung u. Heereskunde, Berlin 1911

Schlieffen, v.
Gesammelte Schriften, 2 Bde.; Berlin 1913

Schlieffen, v.
Cannae; Berlin 1925

Schlieffen, v.
Dienstschriften; Berlin 1935–38

Schmidt-Bückeburg
Das Militärkabinett der preußischen Könige und deutschen Kaiser; Berlin 1933

Schmitthenner
Politik und Kriegführung in der neueren Geschichte; Hamburg 1937

Schnitler
Der Weltkrieg 1914/18; Berlin 1926

Schwarte
Die militärischen Lehren des großen Krieges; Berlin 1919/20

Schwarte
Der große Krieg 1914–1918; Leipzig–Berlin 1922

Staabs
Aufmarsch nach zwei Fronten; Berlin 1925

Stegemann
Geschichte des Krieges, 4 Bde.; Stuttgart–Berlin 1918–1921

Stürgkh
Im deutschen Großen Hauptquartier; Leipzig 1921

Tappen, v.
Bis zur Marne 1914; Berlin 1920

Tirpitz, v.
Erinnerungen; Leipzig 1919

Tuchmann
August 1914; Bern–München–Wien 1964

Varillon
Joffre; Paris 1956

Venohr
Die operative Führung General Ludendorffs im Spiegel der deutschen Fachkritik; Dissertation, Berlin 1955

Venohr
Dokumente Deutschen Daseins; Königstein 1980

Vernichtungsschlacht
Die Vernichtungsschlacht in kriegsgeschichtlichen Beispielen, bearb. v. G. Frantz; Berlin 1928

Volkmann
Der Große Krieg 1914/18; Berlin 1922

Volkmann
Strategie des Weltkrieges und Strategischer Atlas; Leipzig 1937

Wagner
Hinter den Kulissen des Großen Hauptquartiers; Berlin 1931

Wallach
Das Dogma der Vernichtungsschlacht; Frankfurt 1967

Wilhelm II., Deutscher Kaiser
Ereignisse und Gestalten; Leipzig–Berlin 1922

Wilhelm, Deutscher Kronprinz
Meine Erinnerungen aus Deutschlands Heldenkampf; Berlin 1923

Wohlers
Die staatsrechtliche Stellung des Generalstabs in Preußen und im Deutschen Reich; Bonn–Leipzig, Dissertation 1921